¡Te Estoy Llamando a ti, Joven Ministro!

Ricardo Orsini

*Tú Existes Para Realizar El LLamado
de Dios en Tu Vida*

Publicado por

TRUE PERSPECTIVE PUBLISHING HOUSE

The LIBRARY of CONGRESS

A menos que se indique lo contrario, todos los textos han sido tomados de la Versión Reina - Valera de 1960

Reflexion
Sobre libro del Rev. Ricardo Orsini

El Rev. Ricardo Orsini escribe su libro con el propósito de animar y re-enfocar la visión de todo lector, ya sea pastor o líder que desempeña una tarea en el Reino de Dios. Se dirige tanto al joven, como a aquel que lleva muchos años en el Señor. Entre los señalamientos que hace el Rev. Orsini está el no desanimarse cuando hay que enfrentar dificultades; asi como Al fin Jesus tuvo que enfrentarlas y nos dio el ejemplo que se puede vencer. También se dirige hacia aquellos que no toman las decisiones más sabias. Orsini señora que han caído en trampas que pueden ser desastrosas en la vida cristiana.

Uno de los ejemplos que menciona el libro es el de Saulo de Tarso, quien vino a ser El Apóstol Pablo. En un momento dado de su vida vivió una vida de celo a Dios pero sin sabiduría. Vivió confundido, pero a través del poder de Dios su vida fue transformada y vino a ser un instrumento de bendición para toda la iglesia de Cristo. Por tal razón, su vida viene a ser un ejemplo para nosotros. En Dios tenemos nuevas oportunidades. Es Pablo mismo quien luego nos advierte a no vivir descuidados buscando la vida fácil. Pablo menciona características que estamos viendo hoy día.

El Pastor Orsini menciona que una de las prioridades de la iglesia debe ser las almas perdidas. En otras palabras, la Evangelización del mundo. También menciona que nuestra tarea evangelística es como el cordero en medio de lobos. Nuestras tribulaciones no debe ser excusas para no hacer lo que Dios quiere que hagamos. él nos pregunta a todos, si estamos dispuestos a cargar la cruz de Cristo en el ministerio.

Otros de los puntos de su escrito es enfrentarnos con el evangelio de Gracia y de Verdad. Lo cual nos asegura el vivir para Dios sin sentimientos de culpa.

Confiamos que este libro será de gran bendición a su vida. Adelante en el Señor.

Pastor Nino González (Si te miro con no lleva)
Superintendente
Distrito Multicultural de la Florida

Endorsement of Dr. Kent Ingle, President of Southeastern University.

Pastor Ricardo Orsini brings forth a challenging message to all modern ministry leaders. It is imperative for every church leader to sustain their missional drive and passion for accomplishing their God-ordained task. Too often young ministry leaders are discouraged and become distracted by worldly things and struggle to maintain their God-given mission as the primary focus of their life journey. I highly recommend this book to all emerging ministry leaders as a tool of encouragement for sustaining an impeccable missional posture as they traverse the journey of life. Pastor Orsini will encourage you to stay the course and accomplish the great task that God divinely designed for you.

CONTENIDO

Página

DEDICATORIA

Quiero dedicar este libro a mi amada esposa, Sonia, y a mis dos hijos, Ricardo y Gabriela, los amo. Gracias por concederme el tiempo necesario para escribir este libro. Fueron muchas las horas de trabajo donde no pude compartir con ustedes. Gracias por sus sonrisas y amor, los cuales me animaron a terminar este proyecto. Le pido a Dios que los premie más de lo que he podido hacerlo yo aquí en la tierra. Oro para que mi hijo Ricardo y mi hija Gabriela puedan aspirar a hacer más con el Señor de lo que yo he logrado hacer. Ustedes son el regalo más grande que Dios me ha dado, después de conocerlo a Él.

También quiero dedicarle este libro a mi madre, Lucy Orsini, quien ha sido una madre ejemplar. Tu amor es un ejemplo del amor que Dios tiene para sus hijos. Tú me consolaste, y me brindaste amor incondicional. Me enseñaste el valor de vivir en relación con Dios, de la oración y el ayuno para ser fortalecido en mi hombre interior por el Espíritu de Dios.

A la congregación que Dios me ha dado el privilegio de pastorear, la Iglesia Cristiana Sendero de Luz, les agradezco por ser parte de la misión que Dios me ha dado. Le doy gracias a Dios por ustedes, porque han sabido colaborar conmigo y trabajar fuerte a pesar de los grandes retos que se nos han presentado. Los tengo en mis oraciones siempre, y en especial a los coordinadores, para que el propósito de Dios se lleve a cabo en sus vidas y lo que han aprendido de Dios, lo lleven a cabo siempre con gran excelencia.

DEDICATORIA ESPECIAL

A mi padre, Rev. Rodolfo Orsini, quien pasó a morar con el Señor el no es necesario decir dia se puede decir aquel 19 de junio del año 1997. Nunca conocí un hombre más apasionado por las almas que tú papi. Trabajaste fuertemente en la obra de Dios y en tu corazón tenias el deseo de levantar comedores infantiles, para alimentar a los niños no solamente físicamente, sino también con la Palabra de Dios. Estoy dando lo mejor de mí para hacer lo mismo, y tampoco para mí ha sido fácil. Dios te recibió en su Gloria en un altar, levantando una ofrenda misionera durante la Convención Misionera Distrital de ese año. Nos veremos pronto, mi pastor, mi mejor amigo, y mi padre.

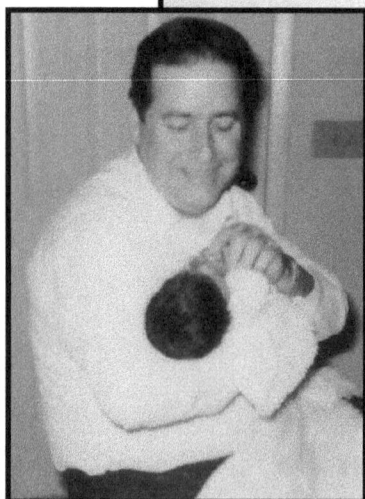

PRÓLOGO

Lo que a muchos se les dificulta entender sobre el éxito ministerial, es que este logro está en hacer aquello que Dios nos ha encomendado hacer según su diseño original. Noé por ejemplo, estuvo ciento veinte años predicando y construyendo un arca conforme a las instrucciones dadas por Dios y al final solo ocho personas subieron al arca, él y su familia. Me pregunto, ¿será eso una señal de éxito para los que miden el éxito a base de fama, popularidad, alcance o influencia? Posiblemente no, pero para Dios Noé fue un hombre totalmente exitoso porque hizo lo que se le ordenó hacer.

Este libro está diseñado para despertar la consciencia del joven cristiano. Anima de forma continúa a no darse por vencido en la jornada de la vida ministerial. Confronta, corrige, exhorta, edifica y consuela a la juventud cristiana del Siglo 21. Brinda estrategias bíblicas para avanzar en el llamado de ir conociendo a Dios, manifestar su vida y extender Su Reino. Enfatiza los cambios a los que la juventud se enfrenta y los coloca en la perspectiva correcta para que puedan realizar su labor ministerial.

Creo firmemente que el Pastor Rick Orsini ha plasmado en este libro su pasión por Dios y se ha identificado totalmente con los retos a los que un joven moderno se enfrenta, no importando cuáles sean sus circunstancias. Habla de su experiencia personal y de forma objetiva impulsa al joven creyente a seguir abrazando el Supremo Llamamiento, que es conocer a Dios de manera íntima y personal y llevar a cabo su obra evangelizadora aquí en la Tierra.

Mis respetos y admiración para ti Ricardo y para tu familia. Sé que éste no será tu único libro, este es solo el comienzo de muchos más impregnados del conocimiento y la pasión que sientes por el Señor y que Él mismo soberanamente ha depositado en ti para Honra y Gloria de Su Nombre. Te bendigo y le pido a Dios que te dé mucha sabiduría, salud, fuerza y recursos para cumplir tu propósito de existencia aquí en la Tierra.

Con mucho amor, Pastora Rosita Martínez

INTRODUCCION

"Para mí, el vivir es Cristo"

Estamos viviendo un momento significativo en la historia de la Iglesia. Siento en mi espíritu que Dios está despertando a niños, jóvenes y adultos a la realidad del ministerio. Él nos ha comisionado a cada uno para llevar este Evangelio de Gracia, Verdad y Reino y hacer discípulos a todas las naciones. Sabemos que tenemos que compartir lo que hemos recibido: que Cristo murió por nuestros pecados y resucitó al tercer día para darnos vida eterna. Les quiero decir que no podemos vivir un cristianismo pasivo. Es tiempo de despertar y abrazar esta Gran Causa, cuyas recompensas trascienden la vida terrenal. Es tiempo de revisar nuestros valores y alinearlos a los de Dios. Él nunca prometió que sería una tarea fácil. No existen glorias sin padecimientos, sin embargo, la recompensa los vale. Jesús fue a la cruz no solo por amor, sino por la recompensa que produciría Su sacrificio. El libro a los Hebreos 12:2-3 declara: "Puestos los ojos en Jesús, el autor y consumador de la fe, el cual por el gozo puesto delante de él sufrió la cruz, menospreciando el oprobio, y se sentó a la diestra del trono de Dios".

Hay un gozo que trasciende la mentalidad humana y Cristo fue el mayor ejemplo de entrega y sacrificio.

Quiero hablarles en particular a aquellos jóvenes que comenzaron en la obra con mucho ímpetu, y hoy día no trabajan con la misma pasión. Los que comenzaron un ministerio, pero nunca terminaron. Todavía hay esperanza para ti. El joven que llega a entender que trabaja juntamente con Dios permanecerá fiel y sentirá la satisfacción más grande de su vida. Sabrá que terminó lo que Dios le asignó hacer. Eso genera un gozo incomparable y un verdadero contentamiento.

T.S. Elliot dijo:

"Todo nuestro conocimiento nos acerca más a nuestra ignorancia, nos lleva más cerca de la muerte. Sin embargo, más cerca a la muerte, pero no más cerca de Dios. ¿Dónde está la vida que hemos perdido mientras creíamos que estábamos verdaderamente viviendo?"

Muchos se han desviado de la tarea y la vida se les ha convertido en una lucha solamente para subsistir porque no se han dedicado a tomar decisiones de calidad. Están tan ocupados, que han puesto muchas cosas por encima de Dios.

Les soy sincero, todos en alguna medida hemos caído en esa trampa, pero no es tarde para reenfocarnos y pedir al Espíritu Santo que avive la llama del fuego del don de Dios que está en nosotros. Tu nombre estaba escrito en el libro de Dios desde la eternidad con un propósito.

Él te llamó y te escogió desde antes de tu nacimiento precisamente para esta hora. (Efesios 1:4-5). Te ha dado talentos y dones que no debes desperdiciar. (Efesios 4:7). Si eres fiel a lo que Dios te llamó a hacer estás teniendo todo el éxito que Él espera de ti.

La recompensa quizás no se te otorgue del todo aquí en esta Tierra, pero no hay mayor recompensa que tener a Dios mismo como nuestra heredad. Dios es fiel, y estará contigo en todas las etapas de tu vida, te lo garantizo. (Filipenses 1:6).

Cuando Dios llamó a Saulo de Tarso, él iba camino a Damasco (Lea Hechos 9). Saulo era un joven que había encarcelado a muchos cristianos. Muchos fueron asesinados bajo su consentimiento. Lo hacía con celo, creyendo que estaba haciendo las cosas bien hechas para Dios. Así hay muchos, que creen estar bien viviendo el estilo de vida que llevan, pero Dios confrontó a Saulo con una pregunta que le cambió la vida: "Saulo, Saulo, ¿por qué me persigues?" Las preguntas de Dios le cambian la vida a cualquiera. Fue tal la convicción que el Espíritu Santo produjo en Saulo que su respuesta a Dios: fue… "¿Quién eres Señor? Y ¿Qué quieres que yo haga?" La orden de Jesús: fue: "Levántate, entra en la ciudad y se te dirá lo que debes de hacer".

¡Reflexiona! Su Palabra te está ministrando ahora mismo. Dios te está diciendo: "Conóceme, levántate, entra en Mi Presencia y Te enseñaré lo que debes de hacer". Y yo como ministro de Dios te digo: ¡Conoce a Dios y levántate en el Nombre de Jesús! Él ha puesto dentro de ti la habilidad para conquistar y ser más que un vencedor.

Después de su encuentro con Jesús, Saulo se encontraba ciego y confundido, pero dispuesto a obedecer la voz de Dios. Uno de los episodios que más me ha impactado, es el que se encuentra en Hechos 9:15-16 donde Dios le habla a Ananías acerca de Saulo diciéndole:" Ve, porque instrumento escogido me es éste, para llevar mi nombre en presencia de los gentiles, y reyes, y de los hijos de Israel; porque yo le mostraré cuánto le es necesario padecer por mi nombre".

Dios escogió a Saulo de Tarso como instrumento y le enseñó que era necesario cumplir con su misión aunque en eso se le fuera la vida. Una vez Ananías le oró, Dios le devolvió la vista a Saulo. Y es mi oración también de que si algo está obstruyendo tu vista, al igual que a Saulo toda escama sea removida de tus ojos ahora mismo y puedas ver con claridad la misión de Dios para tu vida.

Es interesante contemplar que pasado el tiempo, cuando Pablo escribe su segunda carta a Timoteo (su hijo espiritual) le dice a modo de advertencia:

"También debes saber esto: que en los postreros días vendrán tiempos peligrosos. Porque habrán hombres amadores de sí mismos, avaros, vanagloriosos, soberbios, blasfemos, desobedientes a los padres, ingratos. Pero tú persiste en lo que has aprendido y te persuadiste…" (2 Timoteo 3:1-2, 14)

Permíteme abundar un un poco mas para que entiendas la seriedad de esta advertencia. Cuando Pablo menciona hombres amadores de sí mismos, el término en griego es 'philautos'. Esto significa que son personas que les gusta obtener cosas por la vía fácil y todo para la autocomplacencia. Viven solo para suplir sus propias necesidades. Ahora mismo, la sociedad en que vivimos es un reflejo de esto.

Estas características mencionadas por Pablo las ves continuamente a tu alrededor. La violencia ha aumentado de forma espantosa en esta última década y la demanda hacia la iglesia es la misma. Como joven cristiano debes reflexionar en el consejo del Apóstol a Timoteo. Este es tu tiempo de dar más; Más de tu tiempo, talento, dones, dinero, etc. Tienes una Comisión de parte de Dios.

Debes tener cuidado de no envolverte tanto en tus cosas personales hasta el punto de olvidar tu verdadero propósito de existencia, que es hacer la voluntad de Aquel que te dio la vida. Jesús ya te abrió el camino para que puedas cumplir con tu llamado, es solo asunto de que te alinees a Él y a los principios de vida de su reino.

Cuando Jesús comisionó a sus discípulos le dio instrucciones precisas. Les dijo:

"Id primeramente a las ovejas perdidas de la casa de Israel."

La pasión por las almas perdidas debe ser la prioridad de todo ministerio. Hoy día para muchos la prioridad es otra, lo que es triste y lamentable. Algunos han antepuesto la venta de discos compactos, libros; otros han caído en el engaño de no predicar este evangelio o cantar si a cambio no van a recibir una cantidad de dinero sustanciosa, etc. Sin embargo, Jesucristo, el hijo del Dios Viviente pagó el precio máximo por las almas, su propia vida. ¿Cómo olvidar este gesto del propio Hijo de Dios? Ahí es donde tú y yo tenemos que quebrantarnos y decir: "Señor ten misericordia y ayúdame en medio de este mundo a no contaminarme con la levadura de la avaricia." Te recomiendo que leas Lucas 12:15.

En Lucas 10:1-12 Jesús da otras instrucciones adicionales:

1. *"Oren para que Dios envíe obreros a su mies"*. El trabajo es tan abarcador que se requiere toda una labor de equipo. Hay suficiente trabajo para compartir. No podemos permitir que los frutos se pudran por no haber trabajadores que los recojan.

2. *"Id; he aquí yo os envío como corderos en medio de lobos"*. El peligro acecha ojo: no faltarán lobos que quieran devorar, personas que no desean el bien para ti, que te harán frente, que te menospreciarán, te calumniarán y rechazarán, pero a pesar de todo, debes ir. Jesús nos dio el mejor ejemplo.

3. *Las tribulaciones no deben ser una excusa para no hacer lo que Dios quiere que hagamos.* Más bien se deben convertir en trampolines para elevarnos a una mayor dimensión de vida con Dios. Recuerda: No estás solo Él está contigo.

4. Cuando el Apóstol Pablo llegó al fin de su ministerio terrenal, les dijo a los Gálatas: "De aquí en adelante nadie me cause molestias; porque yo traigo en mi cuerpo las marcas del Señor Jesús" (Gálatas 6:17).

5. Y tú posiblemente te preguntes… ¿qué marcas? Pablo te diría: "Tres veces he sido azotado, apedreado, he padecido naufragios, en peligros de muerte, ety más." Y aún así, su mayor ocupación fue llevar este Evangelio de Gracia a las almas perdidas.

6. Reflexiona por un momento… ¿Tienes tú las marcas del Evangelio? ¿Estás dispuesto a cargar la cruz que te corresponde en este caminar cristiano, especialmente la de negarte a ti mismo por abnegación, por amor a los demás? Tus marcas pueden ser el puente para que muchos vengan a los pies de Cristo.

Un Evangelio de Gracia y Verdad

Cuando yo era joven, vivía con un sentido de culpabilidad en mi vida. Cada vez que me enojaba y cometía algún error yo mismo me descalificaba ante Dios hasta que entendí que la sangre del Testamento Eterno, la sangre de Cristo fue suficiente para limpiarme y presentarme ante Dios sin mancha y sin arruga (Efesios 1:4-5). Dios me miró desde la eternidad y me sigue mirando a través de la sangre de Su Hijo. Cristo es el regalo de Dios a tu vida, tal como lo fue a la mía, para hacernos aceptos delante de Él (Efesios 1:6). Cuando entiendes que has sido salvo por pura gracia, que esto no dependía de ti sino de Dios que te escogió, eso genera una gratitud y una pasión en ti hacia Él cuyo resultado no es otro sino un compromiso de fidelidad total y absoluta (Efesios 2:8).

Ha llegado el tiempo de que conozcas a un Cristo que está lleno de Gracia y Verdad (Juan 1:14). Y para ser honesto y directo voy a levantar una pregunta muy parecida a la que Pablo le hizo a la Iglesia que estaba en Roma. Por el hecho de que estamos en la Gracia… ¿eso significa que puedes hacer lo que te venga en gana y Dios no habrá de intervenir en tu vida? De ninguna manera, la desobediencia tiene sus consecuencias. Dios al hijo que ama disciplina (Hebreos 12:6-8). Lo que siembras cosechas. (Gálatas 6:7).

Pero como te digo una cosa te digo la otra. Cuando eres enseñado en la Verdad de Dios y conoces a Dios recilmente mediante la experiencia de un nuevo nacimiento, el mismo Espíritu Santo te va santificando y apartando de todo aquello que pueda ser en tu vida un estorbo en sus planes para contigo.

De lo que te prevengo es de ese engaño de la carne de que llegues a creer que tu propio esfuerzo te puede calificar ante Dios (Romanos 4:3-6). Si crees a ese engaño vivirás frustrado y desilusionado contigo mismo toda tu vida. Tu confianza reposa en la obra de Cristo en la cruz del Calvario. En saber que el que comenzó la buena obra en ti la perfeccionará (Filipenses 1:6). Que Dios es fiel para guardar tu depósito.

Que su Gracia te cubre y que mientras más la entiendes, más indigno sabes que eres de ella. La Gracia te hace ser humilde y dependiente de Dios. Esa es la gran diferencia entre la vida religiosa y ser un auténtico discípulo de Cristo. La evidencia de que has nacido de nuevo (de arriba), es el fruto que se produce en tu vida por medio de la obra del Espíritu Santo. Eso no significa que si muestras signos de debilidad, indiferencia o apatía en esta etapa de tu vida Dios te juzgará por ello, al contrario para eso precisamente te dio Su Espíritu para que sea tu ayudador.

Es tu actitud la que te acerca o te aleja de Él. Tu forma de percibir e interpretar a Dios según tu carne. A veces, las rebeliones que suelen surgir en la vida de los jóvenes son producto del mismo engaño de la carne.

Algunos jóvenes se sienten rechazados, impotentes, inseguros, confundidos, atraídos por diversos deleites y placeres. Pero tú, no te dejes engañar, te hablo con confianza porque yo pasé por lo mismo y me puedo identificar con tus luchas. Es tu enfoque de vida lo que debes revisar. Es hacer un alto y reflexionar. Es pensar bien antes de envolverte en cualquier cosa que parezca atractiva. No todo lo que brilla es oro, por tantó, examinar lo que crees es vital. La vida cristiana es un asunto de balance. Tienes que tener fe, pero esa fe la evidencias con tus obras…Santiago 2:14-16, 26 dice:

"Hermanos míos, ¿de qué aprovechará si alguno dice que tiene fe, y no tiene obras? ¿Podrá la fe salvarle? Y si un hermano o una hermana están desnudos, y tienen necesidades del mantenimiento de cada día, y alguno de vosotros le dice: Id en paz, calentaos y saciaos, pero no les da las cosas que son necesarias para el cuerpo, ¿de qué aprovecha? Así también la fe, si no tiene obras, es muerta en sí misma." Por eso, el dar frutos es una demostración del amor ferviente que existe entre el Espíritu Santo y tú. él manifiesta el carácter de Cristo a través de ti; de tus pensamientos, emociones y voluntad.

Últimamente he visto ocurrir un fenómeno extremo ocurrir dentro del ámbito de la Iglesia y es el siguiente: Muchos viven afanados, drenados y agotados con muchos quehaceres para el Señor, mientras que otros, la indiferencia y la pasividad los está privando de hacer lo que tienen que hacer.

Yo por medio de este libro apelo a tu conciencia. Ambos extremos en lo que te acabo de mencionar son dañinos. Para empezar, nosotros no trabajamos para Dios, sino con Dios. Somos sus colaboradores.

Esa es la única forma de conocer cuando es tiempo de sembrar, de regar y de recoger lo sembrado para no encontrarnos trabajando por el esfuerzo propio sin la asistencia de Dios y Su Espíritu.

Por otro lado, ser pasivo sin envolvernos en ninguna actividad con Él es muestra de que aún no entendemos que Cristo vivió enfocado en hacer la voluntad de Su Padre continuamente. Hubo en Él momentos de descanso y reposo, pero la mayor parte de Su tiempo lo pasó enseñando, predicando, sanando y liberando gente de la opresión del mal (Lee Hechos 10:38).

Es tiempo de ser hombres y mujeres del Espíritu, "que prediquemos a tiempo y fuera de tiempo." Que el mundo vea a Cristo en tu vida y en la mía. Que cuando la multitud tenga hambre, tú y yo les demos de comer.
En mi experiencia personal he tenido la oportunidad de viajar a muchos lugares; países como: Colombia, Venezuela, Panamá, Santo Domingo, Puerto Rico y Ecuador. Cuando fui a la selva en Ecuador, conocí un joven pastor nativo que se llama Clever. Ese joven vive para servir. Trabaja en diferentes comunidades para que niños, jóvenes y adultos sean edificados con la Palabra del Señor. Esa es su pasión y su vida. Para mí fue de mucha inspiración y lo testifico para que muy coloquia, quizas mejor es decir: "te des cuenta" "entiendas" que hay mucho trabajo por hacer y que Dios cuenta contigo.

Mi oración es que este libro pueda brindarte la ayuda que necesitas para tu ministerio. Que no te des por vencido ante la primera adversidad que se quizas mejor decir: "que se presente" "que llegue", al contrario, que sigas hacia delante, porque con Cristo todo se puede.

Capítulo 1

TE ESTOY LLAMANDO A TI, JOVEN MINISTRO

"El secreto del éxito ¿estar disponible? ¿tener la disposición? ¿responder correctamente? a la misión de Dios para tu vida de dar frutos". Ricardo Orsini

"El líder esta hecho para servir." Jack Hayfer

"Fe mueve montañas, pero el amor transforma corazones." John Paul Warren

"Acuérdate de tu Creador en los días de tu juventud, antes que vengan los días malos, y lleguen los años de los cuales digas: No tengo en ellos contentamiento." Eclesiastés 12:1

Dios está interesado en ti. Hay una urgencia de que el Evangelio en este tiempo sea predicado, no solo con palabras, sino con hechos. Necesitamos a los Timoteos y Titos de la época de Pablo. Jóvenes fieles a Dios, comprometidos con la causa divina. Siendo ejemplos en fe, palabra, pureza, conducta. Fieles soldados que tengan el coraje de defender con todas sus fuerzas la fe que Dios por Su Gracia les ha dado. Pregúntate a ti mismo y reflexiona acerca de la vida de jóvenes que no han tenido el privilegio que tienes tú. A continuación te comparto algunas estadísticas.

Estadísticas de sexo entre adolescentes

*   En los Estados Unidos, siete cada de diez mujeres han tenido sexo antes de la edad de 14, Los que han tenido sexo ante de los 15 años reportan que ha ocurrido involuntariamente. (Facts in Brief: Teen Sex and Pregnancy, The Alan Guttmacher Institute, New York, 1996).

*   El nivel nacional, un millón de adolescentes con menos de 20 años quedan embarazadas anualimente. Esto significa que 2800 adolescentes de embarazo las diariamente. (Facts in Brief: Teen Sex and Pregnancy, The Alan Guttmacher Institute, New York, 1996).

Estadísticas de Violencia de Adolescentes

• Adolescentes entre las edades de 16 a 19 años son de tres y un medio más probables que la población general de ser víctimas de una violación, un intento de violacion o una agresión sexual (National Crime Victimization Survey. Bureau of Justice Statistics, U.S. Department of Justice, 1996.)

Estadísticas de Enfermedades de Trasmisión en Adolescentes

-En los Estados Unidos 1 de cada 4 adolescentes que están activos sexualmente, son infectados con ETS cada año. (Facts in Brief: Teen Sex and Pregnancy, The Alan Guttmacher Institute, New York, 1996).

Estadísticas de Adolescentes que son víctimas de violencia

-Los asesinatos son la segunda causa de muerte de personas entre 15 a 24 años de edad y es la causa más grande de muerte entre africamericanos y jóvenes hispanos entre las edades de 15 a 24 anos. (Anderson RN, Kochanek KD, Murphy SL. Report of final mortality statistics, 1995. Monthly vital statistics report 45, 11(2 Suppl) 1997).

Estadística de Adolescentes Fumando y uso de Alcohol

- Aproximadamente 80% de fumadores comenzaron antes de la edad de 18 años. Cada día, alrededor de 3,000 jóvenes conmenos de 10 años se convierten en fumadores regulares. Más de 5 millones de niños viviendo hoy morirán prematuramente por tomar la decisión de fumar (Centers for Disease Control and Prevention).

- Se estima que millones 2.1 de personas comenzaron a fumar diariamente en el 1997. Más de la mitad tenían menos de 18 años. Esto es más de 3000 nuevos jóvenes convirtiéndose en fumadores al día (The 1998 National Household Survey on Drug Abuse).

- Mas de 40% de adolescentes admiten el uso de alcohol (U.S. Surgeon General, 1991).

- Cada año, adolescentes invierten 5.5 billones de dólares en la compra de alcohol. Esto es mel dinero invertido en te…, leche, jugo, café y libros combinados (Eigen, 1991 in the 1998 National Household Survey on Drug Abuse).

- Cada día mueren ocho jovenes… en accidentes de vehículos por estar bajo la influencia del alcohol. (CSAP, 1996) (Mothers Against Drunk Driving website).

Estadísticas de Adolescentes y la Televisión

• Horas al día en que adolescentes ven programas en la televisión en los Estados Unidos: 7 horas, 12 minutos (BJK&E Media report, The New York Times, December 30, 1997).

• Tiempo que los padres toman en conversaciones significativas semanal con sus hijos: 38.5 minutos (American Family Research Council, "Parents Fight 'Time Famine' as Economic Pressures Increase," 1990.).

Estadísticas de Estudiantes que se dan de baja de la Escuela

-En el 1997 los estudiantes entre las edades de 16 a 24 que se dieron de baja era 11%. (National Center for Education Statistics, U. S. Department of Education, Digest of Education Statistics, 1998, Table 105, page 124).

Después de enfrentarte a estas estadísticas… ¿qué piensas? Este no es el propósito de Dios para estos jóvenes.

¿Estás listo para asumir el reto de Dios a tu vida? Reconoce que Él te ha llamado para algo más. Toma los pasos necesarios para cumplir con lo que Dios te llamo a hacer. Usa tus talentos y dones.

El libro de Eclesiastés dice lo siguiente en el capítulo 12, versículo 1: "Acuérdate de tu creador en los días de tu juventud…"

Este es un llamado a los jóvenes para que piensen en Dios y en su deber mientras sean jóvenes. Es la juventud donde se tiene mayor fuerza para trabajar. Envejecer es inevitable. Por tal razón, el contentamiento solo vendrá al mirar hacia atrás y ver que uno fue obediente al llamado de Dios

Él dice: "No pienses en las cosas transitorias de la vida porque ellas no traen contentamiento. Solo una vida que piensa en el Creador podrá saciar su alma."

Te invito a hacer una dinámica ahora mismo… A continuación aparecen dos columnas. Una, para que escribas las cosas que haces para con Dios y la otra para que escribas aquellas cosas que haces para ti.

Columna 1	Columna 2

¿Fueron constructivas o no? La mayoría de las veces vas a encontrar que el tiempo se te escapa de las manos. Lo pierdes en cosas sin importancia. Temo muchas veces que los jóvenes cristianos de hoy olvidan su llamado porque se enfocan en sus metas personales y no saben cómo fusionar lo que Dios los llamó a hacer con aquello que los apasiona.

No es que Dios te quiera tronchar tus sueños o anhelos personales. Es que aprendas a usar sabiamente el tiempo, tu profesión, los deportes y todo aquello para lo cual fuiste creado y seas fructífero en la esfera de influencia que Dios ha preparado para ti. Fuiste creado por Él y para Él.

Muchos jóvenes piensan que un llamado se completa cuando obtienen una producción musical, enia que una canción en particular de ellos se hace popular en la radio o cuando llenan estadios con miles de personas para que le escuchen predicar o tener congregaciones donde asistan multitudes de personas. Pero esa no es la realidad, ni la verdad. El Supremo Llamamiento de Dios a sus hijos es que lo conozcan a Él, que pasen tiempo con Él y después, enviarlos a predicar. Puedes ver ese orden de vida en Marcos 3:13-14.

La idea bíblica del llamamiento de Dios al hombre es presentar el sacrificio de Jesucristo, que Él es el único camino para tener salvación, y Dios usa al hombre para esa misión. Cada uno de nosotros tenemos una misión que cumplir, con el fin de traer a otros al arrepentimiento y el perdón de pecados. La palabra misión se define como: "el poder que se le da a una persona de ir a desempeñar algún cometido."

Ese poder viene a través del Espíritu Santo: (Hechos 1:8) "Pero *recibiréis* poder, cuando haya venido sobre vosotros el Espíritu Santo…"

El poder para desarrollar la misión que el Señor te ha dado se encuentra en el Espíritu Santo. Sin esa llenura no podrás llegar a tu potencial. Los jóvenes de hoy están cansados de religión y palabras de sabiduría humana, ellos quieren ver demostración de poder.

Lo primero que tienes que aceptar es que eres llamado para una misión. Hay algunos cuyo llamado y ministerio es alcanzar miles y otros que trabajan con las personas una por una, familia por familia. Mientras que estés dando frutos, cada llamado y ministerio es de igual valor e importancia para Dios. Vamos a explorar a continuación, vamos a explorar varios hombres que Dios llamó en su juventud:

José

Comenzamos con José. En Génesis 37, la Biblia nos habla de un joven llamado José. Él era el menor entre 12 hermanos y muy amado por su padre Jacob. Su padre demuestra su amor hacia él al ponerle una túnica de varios colores que era un signo de nobleza. Esto es tipo de lo que Dios hace en nuestras vidas: aquellos que le obedecen y viven su vida para su servicio, Él les pone su túnica de amor, protección y poder.

En el Salmo 91: 1-4, "El que habita al abrigo del Altísimo, morará bajo la sombra del Omnipotente. Diré yo a Jehová: Esperanza mía, y castillo mío; Mi Dios, en quién confiaré. Él te librará del lazo del cazador, de la peste destructora. Con sus plumas te cubrirá, y debajo de sus alas estarás seguro…" Cuando estamos entregados a la voluntad de Dios Él nos cubre con su túnica. El Dios Altísimo es mayor que cualquier peligro que se levanta en contra de aquellos que son llamados. El Dios Omnipotente tiene el poder para derrotar a nuestros enemigos. Jehová siempre estará con nosotros, Él no desampara a los justos.

Lo segundo, note que José era aborrecido por sus hermanos porque Jacob demostraba más amor por él. Es importante que cada padre mantenga un balance de afecto entre todos sus hijos. Yo he visto como algunos padres le dan más atención a uno de sus hijos porque quizás tengan ciertos talentos o dones que los otros hermanos no tienen. Como vemos esto afectó la relación de José con sus hermanos. Hay peligros en enseñar favoritismo. Todos los hijos tienen cualidades únicas. Si te enfocas en sólo los talentos y dones de uno de ellos, fracasarás en reconocer las habilidades de los demás.

El Peligro del Favoritismo

El favoritismo puede convertirse en un pecado. Este fue el caso con Rebeca. Génesis 25 nos describe que Rebeca quiso tanto la bendición para su hijo Jacob que usó medios engañosos para que el obtuviera la bendición más grande de Isaac. Ella hirió a su esposo Isaac mintiéndole y provocó problemas en su matrimonio.

El favoritismo produce sentido de culpabilidad. El resultado de su pecado fue tener una familia dividida. En el libro de Santiago 2:9 dice claramente: "Pero si hacéis acepción de personas, cometéis pecado…" Como Esaú, jóvenes que no reciben la atención adecuada la van a buscar por otros medios. Muchas veces ellos desarrollan actitudes negativas hacia los padres. También, el favoritismo causa baja auto estima en los jóvenes.

El favoritismo se repite en generaciones futuras. Así lo vemos en la vida de Jacob y José.

Salmo 127:3 declara: "He aquí herencia de Jehová son los hijos; cosa de estima el fruto del vientre."

Si alguno de tus hijos que tiene un llamado especifico, cuida lo tengo cuidado e instrúyelo para que su ministerio progrese. Ofréceles también la oportunidad a tus otros hijos para que así desarrollen sus habilidades. Todos somos especiales ante los ojos de Dios. Si Él no hace acepción de personas, nosotros también debemos ser buenos mayordomos de nuestros hijos.

Vemos que José tuvo un sueño en el que el Señor le enseñó cuál iba ser su misión. Dios no le reveló todo a José. Sin embargo, a través de sueños, él entendió que sus hermanos se iban a postrar delante de él. Los hermanos le tuvieron celos por causa del sueño. José tenía 17 años cuando fue vendido como esclavo por sus hermanos. El pasó 13 años en esclavitud y 3 de estos años preso. Una enseñanza que le podemos sacar a esta historia es que Dios nos habla de diferentes maneras para enseñarnos nuestra misión. Dios usa Su palabra, visiones, sueños y también nos habla a través de la palabra profética.

Entiende la visión y tu misión

Antes de hablar sobre la misión de Dios a otros, debemos de estar seguros de que la entendemos. Debemos de entender qué significa la visión para definir cuál es la misión. José no entendió que Dios quería usarlo como provisión y preservación de su familia. Cuando Dios nos da una visión es para un propósito. La visión nunca es para nuestra propia gloria o beneficio. La visión usualmente nace de una necesidad. Algunos puntos para recordar cuando estas sintiendo ciertos deseos de parte de Dios son los siguientes:

1.   *Deja que la visión madure.* Ningún sueño se realiza de la noche a la mañana. Una visión tampoco requiere que tú tomes una acción inmediata, tienes que prepararte para ella como, toma tiempo para prepararte para una profesión. El que estudia medicina, estudia un promedio de 8 años. El ministro joven también tiene que prepararse en su vida espiritual, emocional, social y finnciera para levantar esa visión. Filipenses 2:13 dice: "Porque Dios es el que produce así el querer como el hacer por su buena voluntad."

2.   *Respeta el proceso.* Tomará tiempo para tu llegar a la meta. La palabra proceso se define como: "una continuación de una serie de cosas que no tienen fin. Proceso implica planificación. Debes establecer pasos para llevardo esa visión. La Parábola del crecimiento de la semilla es un ejemplo claro pues dice:

"Así es el reino de Dios, como cuando un hombre echa semilla en la tierra; y duerme y se levanta, de noche y de día, y la semilla brota y crece sin que él sepa cómo. Porque de suyo lleva fruto la tierra, primero hierba, luego espiga, después grano lleno en la espiga y cuando el fruto está maduro, en seguida se mete la hoz, porque la siega ha llegado" (Marcos 4:26-29).

Esto expresa el proceso que pasa una semilla antes de producir el fruto. Nosotros somos responsables de echar la semilla. Después que la echemos debemos descansar. El sembrador en esta parábola se dormía; esto expresa que hay que confiar en el Señor. El sembrador también se levantaba; esto nos indica que también tenemos que trabajar la visión. Pero el crecimiento lo va a dar Dios (Colosenses 2:19).

3. *Resiste el Proceso.* Llegar a lograr tu misión, no será fácil. Jesús le dijo a sus discípulos en Marcos 8:34: "Si alguno quiere venir en pos de mí, niéguese a sí mismo, y tome su cruz, y sígame." Una cruz pesa, no es liviana. Vas a pasar trabajo, sacrificio y momentos difíciles. Jesús cargó su propia cruz al calvario, al monte Gólgota, para ser sacrificado. El que toma su cruz también tendrá que hacer sacrificios. Pero el que resiste el proceso verá también los frutos. ¡Un día recogerás la cosecha!

"No nos cansemos, pues, de hacer bien; porque a su tiempo segaremos, si no desmayamos..." (Gálatas 6:9).

Puntos de Reflexión
a. Mientras más grande es la visión, más grande serán los retos.
b. Tienes que ser fuerte y valiente.
c. Tu fe dará fruto.

Volviendo a José, otro punto para tomar en cuenta es que no hubo entendimiento de parte de sus hermanos mayores. Aunque eran adultos, ni ellos, ni su padre pudieron captar el significado del sueño. Esa era una grande preocupación en mi corazón como joven ministro; hay muchos como Jacob y sus hermanos, quienes no entienden los sueños que Dios le está dando a jóvenes como José.

El Señor le dio un don a José, y ese fue de interpretar los sueños. Ese don tenia el propósito de ayudar a José a llegar a la cita de Dios para su vida. Los dones que el Señor nos da son para que podamos cumplir la tarea que Él nos ha encomendado. Si tu don es tocar un instrumento y cantar, no es para que te hagas millonario o te hagas famoso. Si Dios te ha dado palabra para predicar, no es para que tengas miles de personas en tus reuniones. He visto ministros jóvenes que de repente toman una actitud incorrecta sobre sus dones y talentos. Algunos llegan a sentirse superiores a los demás, porque en ellos no hay formación de carácter. O más aún, dejan que otros los traten como superiores por sus talentos. Esto fue similar a lo que pasó en el pueblo de Listra cuando oyeron de Pablo y Bernabé (Hechos 14:8-23) y trataron de llamarlos Júpiter (Bernabé) y Mercurio (Pablo) para hacerlos dioses y rendirles sacrificios.

La Biblia dice que Pablo y Silas rasgaron sus ropas y dijeron al pueblo somos hombres, nada más (vs.15) "más bien os anunciamos que de éstas vanidades os convirtáis al Dios vivo…" Tus talentos y dones son para que las almas se conviertan a Cristo. Recuerda que los talentos y dones ni son tuyos ni son para ti, sino que Dios te los da para los demás. José, por su don, también fue confrontado por la esposa de Potifar y tentado para pecar. Pero José pasó la prueba de la pureza personal. A veces el enemigo ataca al joven que Dios ha llamado con tentaciones de este tipo. Por eso es tan importante el mantenerte puro delante de Él. Y aún si cayeras por alguna debilidad, debes levantarte enseguida, confesar tu pecado ante Dios y seguir descansando sobre Su Gracia Divina.

La Biblia dice en 2 Timoteo 2:20-26 que: "en una casa hay utensilios de oro, plata, madera y de barro." Cuando vienen visitas a nuestra casa, por lo regular, sacamos los mejores utensilios. En este caso, el Señor usa los mejores utensilios: los de oro y plata. Estos son los más honrosos para el Señor. Aquel joven que se santifica (se separa de lo común) huye de las pasiones juveniles y de corazón limpio le sirve, es el que Dios va a usar para ayudar a otros a escapar del lazo del diablo. Estos son los vasos de honra.

Los elegidos de Dios estan llamados a ser puros. En el capítulo 15 de Levíticos vemos que los utensilios y las vestiduras se lavaban con aguas corrientes. Si el utensilio quedaba sucio, lo declaraban inmundo (v 12) y había que destruir el utensilio. El joven debe de purificarse con agua del Espíritu Santo. La Biblia dice en Amos 5:4: "Buscadme, y viviréis". Si no buscamos limpiarnos de la inmundicia, si no nos alineamos al Plan Divino, no vamos a llegar a completar nuestra misión.

¿Qué debes hacer?

Yo sentí el llamado del Señor en un culto en la iglesia que pastoreaba mi padre, el Rev. Rodolfo Orsini, cuando yo apenas tenía 7 años de edad. Y yo le pregunté a mi padre: ¿Qué es lo que debo hacer para que Dios me use? Mi padre me contestó: Debes ayunar, orar y leer la Biblia. Son tres cosas que practico en mi vida. El ayuno nos da momentos prolongados con la presencia del Espíritu Santo para entender la misión. Recibimos fuerzas para batallar, palabra para hablar.

La Biblia dice que Nehemías ayunó cuando oyó acerca de la condición de Jerusalén (Nehemías 1:4). Pablo y Bernabé ayunaron cuando fueron comisionados en su primer viaje misionero (Hechos 13:3). Aún Jesús ayunó y a sus discípulos les habló acerca de la importancia del ayuno (Mateo 4:2). El ayuno es un medio de humillarnos ante Dios y reconocerlo a Él sobre nuestras vidas. La oración nos da la oportunidad de expresar al Padre lo que está en nuestro corazón. Los humanos llevamos muchas preocupaciones, cargas, deseos e inquietudes. Cualquier cosa mejora cuando se le presenta al Padre Celestial. La oración produce paz en nuestros corazones (Filipenses 4:6). En los momentos difíciles que he atravesado, la oración me ha permitido expresárme a Dios y darle a Él la honra, la gloria y la alabanza por la victoria obtenida. La lectura de la palabra me ha mantenido y te mantendrá a ti también caminando como debes de andar. El Salmo 119:9 dice: "¿Con qué limpiará el joven su camino? Con guardar la palabra" La Palabra es una lámpara a nuestros pies.

Estas tres cosas me han mantenido a mi firme como joven ministro y, por supuesto, Su Gracia. He podido seguir bebiendo de la Fuente Inagotable. Cuando necesito palabra, la encuentro; cuando necesito fuerza, la encuentro; ayuda, socorro y dirección. Todo esto lo consigo ó es posible a través del ayuno, la oración y la lectura de la Palabra.

Regresando a la experiencia de José, en Génesis 45:7-8 dice: "Y Dios me envió delante de vosotros para preservar posteridad sobre la tierra, para darnos vida por medio de gran liberación así, pues, no me enviasteis acá vosotros, sino Dios, que me ha puesto como gobernador en toda la tierra de Egipto". José aceptó su misión. Le costó trabajo, sufrimiento y aflicción, pero al final saboreó la victoria. Tú también verás que el Señor tiene la conoce la manera de llevarte a ese grado de madurez.

Cuando Dios me llamó, una de las primeras cosas que vino a mi mente fue que yo no tenía la capacidad, ni los dones, ni el talento para ser útil en Su Reino. Sin embargo, he aprendido que el talento más grande no es que sepamos hablar, cantar o tocar algún instrumento, sino que es la fidelidad. En Mateo 25:14-30 Dios nos habla con la parábola de los talentos. El maestro se fue lejos y les entregó talento a tres de sus siervos. A uno le entregó cinco y ese en seguida negoció y duplicó lo que tenía. Un negociante, cuando aprende bien su negocio, va rápidamente a usar lo que tiene para obtener ganancia. Toma el tiempo de preparar tu vida para el ministerio. Esto te ayudará a crear fundamento. La palabra negocio significa: "negación del ocio." El ocio se define como: cesación del trabajo." Así que, cuando aprendas a negociar no pararás de trabajara favor de lo que Dios para tu vida diseñó.

Puntos importantes a recordar…

Te Estoy llamando a ti, Joven ministro

1. Dios te ha llamado a dar frutos (Lucas 13:6).
2. La Salvación de las almas debe ser una prioridad para todo discípulo   de Cristo.
3. Las estadísticas de hoy muestran la necesidad en la juventud actual.
4. El joven debe aprovechar la fuerza de la juventud.
5. El joven debe vivir vestido con la túnica de su Padre Celestial.
6. Los padres deben cuidarse de no tener hijos favoritos.
7. La visión debe madurar.
8. Debes respetar la visión.
9. Debes resistir el proceso de formación.
10. El joven ministro debe prepararse en ayuno, oración y estudio de la Palabra.

Oración

Padre, te pido que cada joven pueda abrir sus ojos a los grandes propósitos tuyos para con ellos. Despierta a aquellos que están entretenidos y absorbidos por su vida egocéntrica. Has que tomen la cruz y te sigan. Que sean fuertes y valientes cuando se levanten retos en el ministerio. Ayúdalos a no desmayar. Te lo pido en el nombre de Jesucristo, Amén.

Capítulo 2

EL COMIENZO NUNCA ES FACIL

"En cada fenómeno el principio siempre será el momento más notable."
-Thomas Carlyle

"En el principio comienza el ganar."
-Robert H. Schuller

"El principio es el trabajo más importante." -
Plato ó Platón?

"Porque los que menospreciaron el día de las pequeñeces se alegrarán, y verán la plomada en la mano de Zorobabel. Estos son los siete ojos de Jehová, que recorren la tierra"
-Zacarías 4:10

Oral Roberts dejó la escuela superior en su segundo año, en esos tiempos era equivalente a estar dos años en la Universidad. y se fue a estudiar medio en la escuela Bíblica de Oklahoma. Él y su padre fueron predicadores en el movimiento Pentecostal. Roberts y su esposa Evelyn Fahnestock, (una maestra de escuela que él conoció en una reunión de campamento mientras ambos tocaban la guitarra y cantaban) estaban determinados a progresar en sus vidas. Los primeros 10 años de su matrimonio no hubo progreso. Roberts predicó por 5 años en un circuito evangelístico antes de recibir una revelación de Dios para su vida de forma audible y por medio de un pasaje bíblico. El despertar comenzó en la primavera del 1947, él estaba desanimado por la falta de entusiasmo en su congregación en Enid, Oklahoma. Roberts oró con desespero por la ayuda de Dios. Él comparte ó cuenta que Dios respondió guiándolo al pasaje bíblico en 3 Juan v 1:2 "Amado, yo deseo que tú seas prosperado en todas las cosas, y que tengas salud, así como prospera tu alma". Roberts lo consideró una revelación. Su esposa lo describió como el punto de embarcación y de liberación. Después de esa revelación se compraron su primer carro, un Buick. Roberts dijo que fue un símbolo de lo que uno puede hacer si le cree a Dios.

Un mes después, escuchó la voz de Dios. Estaba en su Iglesia estudiando la Biblia y orando cuando Dios le dijo "entra a tu carro y vete a tu casa". Mientras él guiaba, la voz de Dios le dijo indicó que se enfocara en el Ministerio de sanidad. Y le dijo "tendrás poder para orar por los enfermos y reprender demonios". En abril de ese año, comenzó teniendo culto de sanidad en su Iglesia los domingos por la tarde. La primera sanidad que él vio fue de una mujer que estaba lisiada de su mano por 38 años. La palabra de la sanidad corrió.

Para Mayo, ya tuvo que rentar facilidades más grandes en el pueblo de Enid, Oklahoma. En Junio, le anunció a su congregación que tenía invitaciones para predicar en cultos de sanidad en ocho estados y que tenía que renunciar al pastorado.

En 1949 comenzó un programa en la radio. Para el 1950, él estaba viajando el país con una cabaña que tenía 18,000 sillas con 63 estaciones transmitiéndoles. Para el 1950 tenía 400 estaciones transmitiendo sus programas en los Estados Unidos, Canadá, Alaska y Hawái. En el 1957 su programa de radio llegó a una audiencia de un billón de personas. En el 1963 fundó la Universidad de Oral Roberts. (LA VIDA Y EL MINISTERIO DE ORAL ROBERTS) El siguiente informe fue de la excavación en la sección de Paredes de la revista Oh Timoteo, V. 7, Núm. 3, 1990 y es una reseña del libro "Oral Roberts: An American Life", de David Edwin Harrell, Jr., Bloomington, Indiana:. Indiana University Press 47405 La revisión apareció en las noticias cristiana 09 de diciembre 1985).

El comenzó en un rancho hasta llegar a ver lo que Dios quiso hacer en la vida de un hombre dado al llamado de Dios.

Todo en la vida tiene su comienzo. Aún nosotros desde el momento que nacemos pasamos por diferentes etapas de crecimiento. Hay un dicho que dice que "Roma no fue construido en un día". Recuerdo que cuando estabamos en el primer proyecto de construcción, fue un proceso. La iglesia no se construyó en un día. Antes de poner el primer clavo, un proceso tiene que ocurrir. Por ejemplo, primero tienes que preparar el diseño del edificio, después tienes que ir a una reunión de pre- aplicación, finalizar el diseño, aplicar para los permisos, pasar inspección de fuego, salud, del planificador de la Ciudad…. Bueno creo que ya tienes la idea. Los comienzos no son fáciles, pero puedes escoger mirar cuán difícil es el viaje o enfocarte en la aventura del viaje. ¿Te has ido a correr alguna vez?

Yo comencé a correr para mejorar mi salud y al principio se me hizo bien difícil. Mientras corría, lo único que cruzaba por mi mente es "me duele el costado, mis pies, estoy perdiendo respiración" … ¿Has sentido eso alguna vez? Yo no me daba cuenta de nada de lo que estaba a mi alrededor.

Un día tomé la decisión de que me iba a enfocar en el paisaje. si miraba hacia árbol curioso, ó notaba la arquitectura o diseño de una casa, simplemente mantenía eso en mis pensamientos. Sabes una cosa, eso funcionó. Menosprecié el dolor que sentía enfocándome en la belleza del paisaje.

No te enfoques en lo difícil que es comenzar, sino en el producto final. Enfócate en el resultado que vas a tener cuando sigas trabajando. La Biblia dice en el libro de Hebreos 12:2: "Puestos los ojos en Jesús, el autor y consumado de la fe, el cual por el gozo puesto delante de él sufrió la cruz, menospreciando el oprobio, y se sentó a la diestra del trono de Dios". Este verso no indica que Jesús le gustó ser clavado en una cruz. Tampoco que no sintió dolor. ¿Quién puede decir que el dolor causa gozo? Nadie. Pero Jesús ignoró su dolor y se enfocó en el producto final que su sacrificio tendría.

Punto de Reflexión:

a. **El ministro joven debe de enfocarse en la voluntad de Dios para su vida.**

b. **El ministro joven debe entender que Jesús ya escribió el libro de su vida y determinó darle la victoria.**

c. **El joven ministro debe ignorar el dolor por el beneficio de ver los resultados de su sacrificio personal (Hebreos 12:1-3).**

Este mundo necesita ministros jóvenes dispuestos a comenzar su carrera y terminarla. Deben ser fieles en lo poco para que el Señor los ponga en lo mucho. Jóvenes en escuela superior están esperando que tú seas luz en medio de la oscuridad en la que ellos viven. Cada 29 segundos un estudiante se da de baja de la escuela. El resultado de esto es que un millón de estudiantes en los Estados Unidos se dan de baja anualmente. Hay 2,000 escuelas superiores donde el 40% de los estudiantes nunca llegan a graduarse. (Publicado miércoles, 22 de abril, 2009 por Haga Mente)

Recuerdo de una escuela intermedia que visité en una ocasión donde los maestros llevaban a los estudiantes de sexto grado a ver la plataforma de los estudiantes que se graduaban de la escuela superior antes que comenzara la graduación. Los paraban en la plataforma y les explicó con cuán bueno se sentía recibir un diploma y los motivacion a no perder de vista el comenzar comó el terminar.

El Profeta Zacarías declaró que no despreciemos los pequeños comienzos. Isaías dijo que el pequeño vendrá a ser mil (Isaías 60:22). No dejes que los éxitos ministeriales que ves en otras personas sirvan de frustración o desánimo para ti. Mantén tu fidelidad en lo que Dios te llamó a hacer. Usa bien tus talentos y deja que el Señor se encargue del resto. La salvación es del Señor. Todo comienza pequeño y si es voluntad de Dios que se expanda tu ministerio, Él lo hará en ti. Tú solo mantente fiel.

Si revisas bien la parábola de los talentos que te mencioné anteriormente, al segundo siervo que se le dieron dos talentos, él también lo duplicó, pero el tercero, que sólo recibió uno lo enterró debajo de la tierra. Cuando vino el Señor, la Biblia dice que le reclamó por lo que no hizo. Aprende de esto y nunca abandones tu misión. La causa por la cual este tercer hombre no hizo nada con su talento fue el miedo. La palabra miedo se define como, "una perturbación angustiosa del ánimo por peligro real o imaginario." No dejes que el miedo te paralice. Cuando yo estaba en la escuela superior, me envolví en los programas cristianos. En el en la universidad, me envolví con Chi Alpha y Campus Crusade for Christ, dos organizaciones cristianas.

Así como en mi vida esto me hizo mucho bien, te exhortó a envolverte en todo aquello que honre y glorifique a Dios.

Todo tiene su tiempo

Otro punto a notar con respecto a la vida de José es que la visión que él tuvo tomó tiempo para realizarse. Dios tiene un tiempo prefijado para cumplir con las promesas que te hace. El término que describe el tiempo de Dios se llama Kairos y se refiere a un punto crucial y definido en tu vida. No te desesperes cuando pasen los años y no veas que las promesas se han cumplido. Aprende a esperar en el tiempo de Dios.

La Biblia dice que el Señor nunca retarda su promesa según algunos la tienen por tardanza, sino que es paciente para con nosotros, no queriendo que ninguno perezca, sino que todos procedan al arrepentimiento. Con esto, Dios está diciendo que Él usa el tiempo a nuestro favor. Lo usa para darnos oportunidad de enderezar nuestros pasos y que las promesas nos lleguen en el debido momento. Es muy común que quieras a adelantarte al Kairos de Dios o dejes que ese momento pase. El Señor tiene tiempos diseñados para ti, puede ser matrimonio, un trabajo, promesas espirituales, etc. Por eso dice en Mateo 6:28 "¿Por qué os afanáis?"

Hermano a soltero, a Dios te promete que él tiene una pareja para ti. No es bueno que el hombre (o la mujer) esté solo. Un refrán que no se encuentra en la Biblia dice que es mejor estar solo que mal acompañado. Sabemos que hay personas cuyo gran afán es casarse. Están envueltos únicamente en la misión de casarse, para descubrir luego que esa no era su pareja. Un error tras otro error por no esperar el momento de Dios.

Por no saber esperar, muchos también se meten en deudas. Quieren algo, pero no tienen el dinero. Entonces lo adquieren para pagarlo después sin tener el presupuesto para eso. Por el afán, otros se adelantan a la visión de Dios y hacen las cosas en sus propias fuerzas. Recuerda que Dios prometió que veremos la cosecha después de haber sembrado, no antes. La Biblia nos enseña en Santiago 5:7 que tengamos paciencia hasta la venida del Señor. Que miremos como el labrador espera el precioso fruto de la tierra hasta recibir la lluvia temprana y la tardía. Parte del proceso es esperar. Vas a batallar contra pensamientos negativos, emociones y dudas que generan confusión, pero los tiempos de Dios son los mejores.

Hay un tiempo para todo

El reloj de Dios funciona diferente al reloj del hombre. La higuera que Jesús maldijo es un ejemplo. Marcos 11:12-14 dice: "Al día siguiente, cuando salieron de Betania, tuvo hambre. Y viendo de lejos una higuera que tenía hojas, fue a ver si tal vez hallaba en ella algo; pero cuando llegó a ella, nada halló sino hojas, pues no era tiempo de higos…"

David decía en el Salmo 74:16 "tuyo es el día y la noche". El tiempo Dios lo mira como una continuidad hacia la eternidad. Otro ejemplo del Kairos de Dios lo encontramos en Juan 7:10 el cual habla acerca de la llegada del tiempo de Jesús para subir a celebrar la fiesta de los tabernáculos. En esta fiesta se celebraba la recordación de cuando Israel habitó por 40 años en el desierto durmiendo en tiendas de campaña.

En muchas ocasiones Jesús se movía de ciudad en ciudad y explicaba que su razón era que su tiempo no había llegado.

El ahora de Dios

Interesante saber que el ahora de Dios no es el nuestro. En Génesis 12:1-3 la historia de Abraham nos muestra que él tenía 75 años cuando recibió una palabra profética de parte de Dios diciéndole "haré de ti una nación grande".

Al momento de esta palabra, su esposa Sara era una mujer estéril, imposibilitada en lo humano para concebir hijos, y ella queriendo ayudarlo, le ofreció a Agar no entendiendo que estaba cometiendo un gran error. Luego en el capítulo 18 de Génesis cuando Abraham tenía 100 años recibió el hijo de la promesa, Isaac. Dios le dijo: "¿Hay para Dios alguna cosa difícil? Al tiempo señalado volveré a ti y según el tiempo de la vida." Dios en esa espera quería mostrarle a Abraham que su promesa no estaba condicionada a ninguna capacidad de él como hombre, ni de Sara como mujer, sino a la palabra que Él les había dicho.

Dios es quien ha prefijado soberanamente el orden de los tiempos. Antes que naciese el Mesías prometido, el Ungido de Dios, pasaron 400 años de silencio. Pero cuando vino el cumplimiento del tiempo como lo afirma Pablo en Gálatas 4:4, Dios envió a Su Hijo, nacido de mujer y bajo la ley para cumplir con el propósito eterno de su Padre Celestial. Los tiempos de Dios no son entendidos por nosotros, pero Él tiene propósito en todo. En una ocasión que se requirió Su presencia en casa de Marta y María porque Lázaro estaba muy enfermo, Jesús se tardó en llegar a causa del Propósito Divino que estaba oculto en aquella muerte. Él le dijo a sus discípulos: "¿No tiene el día doce horas? El que anda de día, no tropieza, porque ve la luz de este mundo; pero el que anda de noche (en ignorancia, en tinieblas) tropieza porque no hay luz en él."

¿Cómo puedes discernir, o saber que el tiempo de Dios ha llegado para ti? Cuando empiezas a recibir luz, revelación, cuando puedes ver claramente el llamado, la pasión que está ardiendo dentro de ti por la causa de Cristo. Fíjate que en todo el proceso de José, la Biblia muestra que Dios estaba con él y lo que hacía Jehová lo prosperaba. Así que cobra ánimo porque Dios está al igual que con José, predicando un sermón al mundo a través de tu vida.

Una de las claves más importantes para un joven ministro es cobrar un fuerte sentido de propósito en la vida.

Todo lo que hagas debe ser pensando en un propósito mayor. Todos tus movimientos han sido predestinados por Dios y es sabio que te preguntes a modo de reflexión… ¿Por qué estoy en este trabajo? ¿Por qué estoy en esta iglesia? La mayor razón debe ser porque te ayudará a cumplir con la misión que Dios te encomendó.

Mi Experiencia

Cuando el Señor me llamó a ser pastor, yo escogí mi trabajo secular especialmente porque me daba más tiempo para cumplir con mi misión ministerial. Hice la maestría en Liderazgo Educacional. Me mudé a una ciudad céntrica para estar cerca de los hermanos que Dios me puso a pastorear. Aún los momentos difíciles, cuando ocurren, al emprender una obra los entendí. Sabía que me iban a ocurrir para que se cumpliera el llamado de Dios en mi vida. Romanos 8:28 dice: "Todas las cosas les ayudan a bien, esto es, a los que conforme a su propósito son llamados".

Moisés
En Éxodo 3:1, la Biblia nos explica que Moisés estaba apacentando las ovejas de Jetro, su suegro. Fue en el monte Horeb que Dios lo llamó a través de una zarza que ardía. Su misión fue clara – que fuera a Egipto y librara su pueblo de esclavitud. Pero cuando Dios lo llamó él dijo, Ay, Señor. Nunca he sido hombre de fácil palabra… (Éxodo 4:10). Moisés era tardo de hablar, o torpe de lengua. Jehová le dijo a Moisés varias cosas que el joven ministro debe de mantener en su corazón. Cuando llegó el tiempo de Moisés para

que cumpliese con su misión, la preocupación más grande de Moisés fue que el pueblo no le iba creer (Éxodo 4:1). Creo que muchos ministros jóvenes se dicen lo mismo. Quizás en tu pasado no distes testimonio o siempre fuiste el que se sentaba en la esquina.

O quizás dices lo que yo me dije muchas veces, ¿Qué tengo yo que ofrecer? La respuesta a esa pregunta me la contestó el Espíritu Santo y fue: ¡Absolutamente nada! Aunque sepas cantar, predicar, tocar un instrumento, aunque tengas un doctorado, todavía no tienes nada que ofrecerle a Dios. Lo único que tú tienes para dar es tu corazón. Si tú me ofreces tu disposición, yo voy a usarte y darte lo que tú necesitas.

Cuando Moisés le hizo esa pregunta, Jehová le dijo, ¿Qué es eso que tienes en tu mano? Y él le respondió, Una vara. Dios dijo, échalo en la tierra, y él la echó. Y, como sabemos, se convirtió en una culebra. Para colmo, la Biblia dice que Moisés huía de ella.

Dios ha puesto en nuestra mano lo que necesitamos, y muchos jóvenes huyen de su llamado. Se enfocan más en tener paz en este mundo que paz con Dios. Estamos tranquilos si tenemos trabajo, carro, casas, y dinero en el banco. Pero ¿qué estamos haciendo con el llamado que Dios nos ha dado? Uno de los primeros mensajes que Jesús dio tenía un enfoque hacia el reino. En Mateo 4:17 Jesús dijo: "Arrepentíos, porque el reino de los cielos se ha acercado".

La palabra arrepentir significa tener un cambio de mente. Jesús declara que debemos tener un cambio de mentalidad. Él vino a establecer principios del reino. Él no vino para que tú tengas paz con el mundo sino con Dios. Nuestra meta no debe de ser obtener más cosas sino cumplir con la voluntad de Dios en nuestra vida. En Colosenses 3:1 dice, "Si habéis, pues, resucitado con Cristo, buscad las cosas de arriba, donde está Cristo sentado a la diestra de Dios". Ten tu mirada puesta en el reino. También Jesús dijo en Mateo 6:33, "Mas buscad primeramente el reino de Dios y su justicia, y todas estas cosas os serán añadidas". De nuevo busca primero el reino de Dios. Si vivimos bajo los principios del reino y entendemos que no somos de este mundo sino peregrinos y extranjeros, entonces nos enfocaremos más en los principios del reino que en cumplir con las responsabilidades externas que tenemos en este mundo.

Si extiendes tu mano, y tomas la vara que Dios te dio, tú y otros verán lo que Dios puede hacer a través de ti. Entonces creerán como creyó el Faraón y los Egipcios.

Yo creo que el Señor ha puesto un mensaje o una canción, o testimonio en ti que fue diseñado específicamente para un alma o unas almas que solo lo recibirán de una forma profunda cuando tú te actives. Esto es una gran responsabilidad, por eso la Biblia dice: "¿cómo oirán si no le hablamos?"

Ahora, cuando te mueves en el llamado que Dios puso en tus manos, vas a enfrentar retos y frustraciones. ¿Qué son las frustraciones? El diccionario Webster lo define como obstáculos que se presentan que son difíciles de sobrellevar.

Recuerdo que cuando Jesús llamó a Saulo, lo detuvo de camino a Damasco y dijo: "Porque yo le mostraré cuanto le es necesario padecer por mi nombre" (Hechos 9:16). Dios lo escogió para llevar el mensaje a los gentiles. Sin embargo, no le dijo que iba ser fácil, sino que durante el proceso de llevar el mensaje iba a pasar momentos de grandes frustraciones y retos.

En 2 Corintios 11:23-33, nos da una lista de los sufrimientos de Pablo mientras hizo el trabajo más abundante de su ministerio. Azotes sin número se mencionan, junto con encarcelamientos, peligros de muerte, naufragios, peligros de ladrones, pasó por fatiga, desvelos…

Pablo padeció en su ministerio, pero lo más que me toca de su vida es que dice en el versículo 28: "Y además de otras cosas, lo que sobre mí se agolpa cada día, la preocupación por todas las iglesias."

Pablo, a pesar de sus sufrimientos, tenía presente en su corazón el deseo de cumplir con su llamado. Esa era su pasión. Hay muchas frustraciones y retos que se van a presentar en tu vida, y tratarán de apagar el fuego de tu corazón, pero como Pablo, tú puedes mantener ese fuego ardiendo.

Moisés estuvo en el desierto por 40 años. Creo que el joven ministro se puede identificar con las frustraciones y los retos que pasó Moisés. La murmuración del pueblo, la escasez y la falta de progreso son partes de las frustraciones. La crítica y la murmuración son instrumentos que el enemigo usa para traer desánimo y fatigarte para que dejes de cumplir tu trabajo.

Yo me imagino a veces que Abraham recibió crítica de Saraí, su esposa, cuando él le habló de la visión de Isaac. También me imagino que Noé recibió crítica de sus hijos y su familia. Sabemos que Job recibió crítica de parte de sus amigos, José de sus hermanos, y Moisés de todo el pueblo.

Si te enfocas en las críticas y las murmuraciones, nunca lograrás alcanzar tu potencial. Llegará un tiempo donde vas a creerle más a la crítica y las murmuraciones que a lo que Dios te está diciendo.

Ahora pregunto: ¿Por qué el pueblo crítico a Moisés? El pueblo tenía miedo de lo que podría ocurrir en el desierto. Sara no creyó porque físicamente era imposible que ella tuviera un bebé. Noé sufrió crítica porque nunca se había visto lluvia. A Job, no le creyeron porque lo había perdido todo; José, porque era el menor entre todos sus hermanos.

La mayoría de los hombres piensan así, y te están criticando, pero no a ti. Por su falta de fe en lo que Dios puede hacer, critican. Cuando nosotros comenzamos el proyecto de construcción en mi iglesia, a penas comenzando la obra, muchos me criticaron, y hasta se fueron de la iglesia. Sin embargo, cuando vieron que se logró y que Dios hizo la obra, regresaron. Cuando el hombre ve que Dios hace provisión, el comienza a seguir la visión.

La Biblia dice: "No, no hay ningún hombre bueno" (Jeremías 17:5). También dice: "Maldito el varón que confía en el hombre…" Y en el versículo 7 y 9 dice: "Bendito el varón que confía en Jehová, y cuya confianza es Jehová. Porque será como el árbol plantado junto a las aguas, que junto a la corriente echará raíces, y no verá cuando viene el calor, sino que su hoja estará verde; y en el año de sequía no se fatigará, ni dejará de dar fruto".

Si te enfocas en el llamado, o sea, la misión que Dios te dio, no en las críticas ni en las murmuraciones, no te afectará. Cuando hablamos de escasez en los tiempos de Moisés, estamos hablando de maná y agua. En los tiempos nuestros, estamos hablando de finanzas. Jehová le dio maná del cielo e hizo brotar agua de la peña para suplir a Israel. La Biblia dice que Él es dueño del oro y (referencio) la plata. Él tiene ya lo que tú necesitas.

Recuerdo haber tenido la idea de que el Señor iba a enviar un millonario e iba a financiar los proyectos del ministerio. Yo creo que Dios puede hacer eso ¡claro que sí! Pero en una ocasión, a través de un sueño, el Señor me enseñó una iglesia donde cada silla estaba llena. Mientras Él llamaba sus nombres, las personas levantaban sus manos. Él llamó todos los hombres y cada persona levantó su mano. Y el que estaba tomando lista me miró de repente y me dijo: "Yo quiero usarlos a ellos". Me dio a entender que Dios quiere usar lo que tenemos para suplir las necesidades. Tú tienes familia, amigos, hermanos de la iglesia, negocios en tu vecindario que Dios quiere usar para ayudarte a financiar lo que necesitas para llevar a cabo los proyectos del ministerio. Jesús usó cinco panes y dos peces (Juan 6) para alimentar sobre cinco mil personas. Él quiere usar lo que ya tú tienes para avanzar tu ministerio. Lo que tú necesitas ya está en la casa. Lo que tienes que hacer es comenzar a hablar con tus padres, tus vecinos, tus amigos, tus familiares, a los negocios que te rodean, y a otros ministerios e iglesias para dejarles saber lo que tú necesitas para llegar a la meta.

La Biblia dice en Mateo 7:7, "Pedid, y se os dará; buscad, y hallaréis, *llamad*, y se os dará". No recibimos porque no pedimos. Pide, busca, y llama, que vas a recibir lo que tú necesitas. El dinero no se puede convertir en un obstáculo para lo que Dios te llamó a hacer.

Pablo lo expresó así en Filipenses 4:12, "Sé vivir humildemente, y sé tener abundancia, en todo y por todo, estoy enseñado, así para estar saciado como para tener hambre, así para tener abundancia como para padecer necesidad".

Esto me deja saber que hubo tiempos donde hubo escasez en su ministerio, pero eso no detuvo obra que Dios le había mandado a realizar. Todo lo puedo en Cristo que me fortalece. Así concluye el pasaje en Filipenses 4:13. Para todo, tengo fuerza en Cristo. Aunque tenga que trabajar más fuerte, Él me ayudará.

Por 40 años Dios estuvo preparando el pueblo de Israel para entrar a la tierra prometida. ¿Cuánto tiempo tendrás que esperar tú? Otra frustración que se enfrenta el joven ministro. Dios nos habló y dijo que nos iba a llevar a la tierra que fluye leche y miel, y todavía nos encontramos en medio del charco de agua cuando queremos estar sumergidos en el río con agua fresca. El pueblo duró cuarenta años en el desierto por su falta de madurez espiritual. En el tiempo que ellos estuvieron allí, la nueva generación maduró. Al pueblo le hacía falta fe, amor, compasión y rendición. Es difícil admitir, pero muy adentro de ti, tú sabes que es la verdad. Dios todavía está poniendo ingredientes en ti, para que puedas llegar a obtener tu misión final. Todavía te falta la fe, el amor, la compasión y rendición a los mandamientos de Dios.

Tenemos que ser pacientes, porque la semilla que sembramos tomará tiempo en madurar. Santiago 5:7 dice: "Por tanto, hermanos, tened paciencia hasta la venida del Señor. Mirad como el labrador espera el precioso fruto de la tierra, aguardando con paciencia hasta que reciba la lluvia temprana y la tardía". El labrador tiene que esperar la lluvia. No es fácil esperar, pero tú y yo no tenemos el control sobre la lluvia, sólo Dios puede decidir cuándo va llegar. El crecimiento lo da Dios. Eso no quiere decir que el labrador paró el trabajo de preparar la tierra y sembrar la semilla.

Debes de continuar organizándote, formando tu equipo de trabajo, pero sobre todo preparándote en ayuno y oración. Otra cosa interesante que se ve en Santiago es que se menciona la lluvia temprana y tardía. La lluvia temprana es la que cae en otoño y la tardía cae en la primavera. Hay progreso que viene al principio del ministerio y hay otro que viene en otras épocas. El pueblo dependía de la última lluvia (otoño) para pasar el invierno. Si no llegaba la lluvia del otoño, tenían muy poco alimento para el invierno. Esto es tremenda enseñanza para el joven ministro. Debes aprender a aprovechar las lluvias de progreso hasta la última gota. Hazte parte del mover del Espíritu Santo en el lugar donde estás.

El Río Nilo es el más largo del mundo. En ocasiones la lluvia tardía era tanta que hacía desbordar las aguas del río. Esto destruía casas, y aún muchos perdían sus vidas. Sin embargo, el pueblo estaba dispuesto a recibir lo que las lluvias trajesen porque cuando el río se desbordaba, limpiaba la tierra, la fertilizaba, y así podrían seguir sembrando.

A veces el ministerio parece que va retrocediendo, pero es solo que Dios está tratando de reorganizar o poner diferentes personas a tu alrededor, los cuales van a dar más fuerza al ministerio. Cuando Dios llama al hombre, Él ve el llamado y la misión que pone en tu vida. No estás compitiendo con nadie, ni tratando de ser mejor que los demás. Tienes que enfrentarte a esa inseguridad y reconocer que esto que estás haciendo es para Dios, y para Él solamente. Lo unico que tu tienes que Es cumplir con lo que El te llamo hacer. Hay árboles que dan fruto antes que otros, pero espera en Dios, que a su tiempo, Él va hacer un hermoso jardín de tu vida. Solo creé en Él.

Recuerdo cuando Moisés mandó a los espías a escribir un reporte de lo que había en Canaán (Números 14). Y los espías regresaron y le dijeron a Moisés: "Es imposible tomar posesión de la tierra. Hay murallas fortificadas que no se pueden penetrar, y hay gigantes en la tierra. Son muy fuertes". Y el pueblo se alborotó. Solo Josué y Caleb dijeron lo contrario. Ellos dijeron: "Seguramente, vamos a poder tomar posesión de la tierra". Caleb tenía 24 años cuando dijo eso. No fue hasta que él cumplió 85 años que él llegó a tomar posesión. Josué 14:11 nos dice que Caleb dijo: "Todavía estoy tan fuerte como el día que recibí la promesa". El Señor nos dará las fuerzas para completar la misión que Él nos dio. En el Salmo 90, Moisés comenzaba el Salmo reconociendo que el Señor había sido su refugio de generación a generación, y en el versículo 12, dice: "Enséñanos de tal modo a contar nuestros días". Cada día es un regalo de Dios. Pues, gózate de lo que el Señor te da cada día. Y cuando menos tú lo esperes, ¡llegarás a la cúspide del monte! Tú vas a llegar a tu destino.

Puntos importantes para recordar...

El comienzo nunca es Facil

1. Oral Roberts y la revelación de Dios para su vida.
2. Todo en la vida tiene su comienzo.
3. Enfócate en la belleza del viaje.
4. El mundo necesita ministros jóvenes que estén dispuestos a comenzar su carrera.
5. Todo comienza pequeño.
6. Usa el talento que Dios te dio.
7. Todo tiene su tiempo.
8. No te adelantes a la visión de Dios.
9. El ahora de Dios no es el nuestro.
10. Dios ha puesto en tus manos lo que tú necesitas.

Oración

Padre, oro por cada joven que está comenzando a movilizarse en el llamado que tú has puesto sobre su vida. Te pido que le des fuerzas y que no se desanimen cuando no vean los resultados que esperaban en los comienzos de sus vidas. Te pido que aumentes su fe en el punto más crucial de su ministerio. En el nombre de Jesús, Amén.

Capítulo 3

AGUANTANDO LOS CAMBIOS

"No hay nada malo con los cambios, si son en la dirección correcta" - Winston Churchill

"Nadie puede regresar al pasado para comenzar de nuevo, pero cualquier persona puede tener nuevos comienzos y tener un nuevo final." -Maria Robinson

"Sobre toda cosa guardada, guarda tu corazón; porque de él mana la vida". -Proverbios 4:23

En la historia Americana había un grupo de soldados que se llamaban "Hombres de Minuto." Los Hombres de Minuto eran una fuerza escogida que estaba lista para andar y pelear con un minuto de notificación. Ellos eran los primeros en aparecerse en una batalla. En la mañana de Abril 19, 1775 ellos fueron los primeros en Lexington Green en la batalla famosa en el puente de Concord.

Ellos lo hacían para proteger su tierra, su familia y nación. Nosotros tenemos que, siempre, estar listos cuando ocurran cambios en nuestras vidas. Que los cambios no nos paralicen sino que podamos estar listos con muy poca notificación para pocer defender lo que Dios nos ha llamado a hacer.

En una carrera de NASCAR, para darle más oportunidad al equipo que gane una carrera es importante que estén listos para las transiciones. El carro va a tener que parar para llenar el tanque de gasolina y cambios de goma. El equipo tiene que planificar cuantas veces el carro va a tener que parar. También a veces se le rompe algo en el carro y el equipo tiene que estar listo para cambiar cualquier pieza que necesite el carro. El equipo que gana la carrera es el equipo que mejor planificó las transiciones del carro. Un equipo puede llenar el tanque, cambiar gomas y reparar casi cualquier daño que tiene el carro en 12- 16 segundos. Si nosotros queremos vencer durante los cambios en nuestra vida tenemos que tener un plan de trabajo, una estrategia de lo que podemos hacer durante transiciones en nuestras vida. Si nos quedamos mucho tiempo en el 'pit' analizando el problema vamos a perder la carrera. Asimila el cambio y pon un plan de acción lo más rápido posible. Para que eso ocurra, tienes que prepararte para los cambios.

Unos de los cambios más fuerte que llego a mi vida fue cuando mi padre, el Rev. Rodolfo A. Orsini, fue a morar con el Señor en el Reino de los Cielos. Mi padre fue un padre excelente y un mentor para mi vida. No lo tuve conmigo en unas transiciones tan importantes para mí como cuando me gradué de la universidad, o cuando me casé con mi esposa Sonia, en el nacimiento de mis hijos Ricardo E. Orsini y Gabriella S. Orsini, cuando comencé la Iglesia Cristiana Sendero de Luz. Fueron momentos donde Dios me ayudó a cambiar las gomas de mi carro espiritual y llenó mi tanque con gasolina. Pude hacerlo rápido para poder continuar trabajando en los propósitos de Dios para mi vida.

En la vida del joven ministro vendrán muchos cambios. Las personas que están a tu alrededor no serán los mismos de un año al otro. El territorio crece, personas que tú amas como a tus padres, familias y hermanos ya no estarán contigo. Aún la transición de ser soltero a una vida matrimonial trae profundos cambios, pero como hablaremos más tarde, tú también cambias. Cambios vendrán tan seguros como el pagar taxes. Los diez cambios más estresantes en la vida reportados por la Enciclopedia de Medicina son:

1. Muerte de un cónyuge
2. Divorcio
3. Separación matrimonial
4. Muerte de un familiar
5. Enfermedad
6. Matrimonio
7. Pérdida de un trabajo
8. Retiro
9. Embarazo y nacimiento de un bebé
10. Cambios en el estatus financiero

Los cambios producen ansiedad, corta memoria, pérdida de objetividad, agitación, enojos y aún pueden causar problemas de salud. Eso no es lo que Dios quiere. Él nos ha hecho más que vencedores en Cristo Jesús. No dejes que los cambios cambien quien realmente tú eres en el Señor. Procura lo que Dios quiere para tu vida a través de los cambios.

Cuando yo era niño dependía casi totalmente de mis padres aún para comer. Yo comencé a predicar a los 12 años de edad y mis padres siempre estuvieron conmigo para ayudarme. Aún como un niño con llamado hubo cambios. Porque hubo momentos donde yo me separaba para prepararme para predicar. Era un ejercicio espiritual que conllevaba sacrificios. Entonces como joven tenía que lidiar con influencia de amistades en la escuela mientras me mantenía separado para ministrar con el potencial que Dios quería de mí.

Cuando entré a los votos matrimoniales tuve que adaptarme en cuanto a las salidas evangelísticas, presiones económicas y como criar a mis hijos.

La responsabilidad va aumentando y el peligro es dejar que los cambios detengan el desarrollo del llamado que Dios ha puesto en tu vida. Como mencioné anteriormente, uno de los cambios que ocurrió en mi vida fue cuando mi padre fue morar con el Señor. Ya no tenía el mentor que Dios me había dado. Me sentía solo.

¿Qué es la soledad? Una de las definiciones de la soledad es lugar desierto o tierra no habitada. Una de las emociones que el cambio produce es la soledad. Tuve que aprender muy rápido como bregar con los cambios en mi vida, porque si tú te quedas mucho tiempo en lugares desiertos y en tierras no habitadas, te mueres de sed. En otras palabras, el sentido de soledad te lleva a una depresión. Comienzas a dejar de trabajar. Nadie es efectivo en esa situación. Sin embargo, Algo que aprendí, es que la soledad es un sentido imaginario. Sabemos que no estamos solos. La Biblia nos presenta otro joven ministro que tuvo esta revelación: Josué.

Josué
Josué tuvo la oportunidad de asistir a un hombre de Dios, a Moisés. Él vio las siete plagas y la división del Mar Rojo. También, él pasó los 40 años en el desierto, y vio la provisión de Dios.

A través de su tiempo de sumisión a Moisés, Josué pudo ver como Dios lo usó. Como joven ministro, yo he podido ver y leer más acerca de los siervos quienes han quedado para siempre escritos en la historia de la iglesia. Hombres y mujeres como Billy Graham, DL Moody, Charles Spurgeon y Kathryn Kuhlman están incluidos en esta lista. También he tenido la oportunidad de asistir a otros pastores durante el tiempo que he estado en el ministerio. Son hombres íntegros y fieles al Señor. Les admiro por sus esfuerzos en el ministerio. Pero cuando el Señor me dirigió a enfocarme en la parte que Él me había comisionado, sentí entusiasmo y a la misma vez temor. No sabía lo que podría ocurrir durante esa transición en mi vida. Entiendo lo que Josué sintió cuando Jehová le dijo en el libro de Josué 1:2 "Mi siervo, Moisés, ha muerto…" O sea, es como si Dios le dijera: Ya él no está en el retrato de tu vida. Lo mismo experimenté cuando tuve que realizar que mi padre estaba en el reino de los cielos.

Mi padre siempre me había llevado a reuniones ministeriales, iba con él a las convenciones, a campamentos y retiros, y durante estos eventos, yo compartía con otros ministros. Pero yo recuerdo que llegó un tiempo después que mi padre murió donde me sentía como una persona más, un número, y no alguien que Dios también quería usar. Sentí que toda oportunidad de continuar desarrollándome y crecer se había terminado. Por esto, comencé a sentirme solo y aislado. Todo esto continuó hasta que un día, un pastor que había sido amigo de mi padre vino a predicar en mi iglesia. Ese día, me dijo algo de parte del Señor: "Ricardo, enfócate en tú unción". Mis ojos fueron abiertos a una cruel realidad que ya sabía y la cual tú reconocerás también. A veces dependemos de otros para desarrollar nuestros llamados. Sin embargo, no hay ningún hombre, organización, ni ministerio que sean perfectos. Solo hay uno perfecto, y ese es Jesucristo. ¡Amen!

Pero a veces nos enfocamos tanto en las oportunidades que no tenemos, en vez de la unción que Dios ha puesto en nosotros. Tenía que echar a un lado la soledad, sentimientos que venían de extrañar las cosas que había visto en el pasado en siervos como mi padre y la compañía que tenía de otros, entendiendo que ellos solo estaban moviéndose como ellos sentían de parte de Dios. Yo tenía que enfocarme en lo que Dios tenía para mí.

Si te quedas en los milagros del ayer, ¿cómo vas a ver los milagros de hoy y los de mañana? Josué 1:2 decía: "Levántate y pasa este Jordán…" Tienes que pasar ese momento de tu vida. Jehová le recordó a Josué en él versículo 5 del capítulo 1: "Como estuve con Moisés, estaré contigo; no te dejaré, ni te desampararé". Le dijo a Josué en el versículo 8: "Nunca se apartará de tu boca este libro de la ley, sino que de día y de noche meditarás en el, para que aguardes y hagas conforme a todo lo que está escrito; porque entonces harás prosperar tú camino, y todo te saldrá bien". En vez de perder tiempo pensando en el pasado, cómo eran las cosas, está en ti dejar que Dios controle tu vida porque puedes tomar el control de esos sentimientos y las emociones que no te ayudarán a seguir hacia la meta y enfocarte en tu unción. Eso fue lo que Jehová le dijo a Josué. Si guardas mis palabras, vas a prosperar, y todo te saldrá bien (versículo 7). Solamente esfuérzate y se muy valiente.

Josué fue un joven ministro que anhelaba estar en la presencia de Dios. Éxodo 33:11 dice: "Y hablaba Jehová a Moisés cara a cara, como habla cualquiera a su compañero. Y el volvía al campamento, pero el joven Josué, hijo de Nun, su servidor, nunca se apartaba de en medio del tabernáculo". Era un joven que reconocía la importancia de sentarse, escuchar y recibir de su presencia. El joven ministro está ministrando muchas veces a otros por eso es tan importante tener la oportunidad de sentarse y recibir. La mayoría de ministros jóvenes no están a tiempo completo. O sea, trabajan para poder sufragar sus gastos. Y esto es un reto grande. Pero es necesario y bueno estar en el tabernáculo del Señor. Hay varias formas que puedes recibir. Cuando trabajaba como maestro, a veces sacrificaba mi hora de almuerzo para orar y recibir del Señor palabra y visión. También hacía un esfuerzo para ayunar medio día los sábados, tomando más tiempo para recibir del Señor. Buscaba y planificaba oportunidades para ir a retiros, campamentos, y a otros eventos donde podía sentarme y recibir de parte de Dios. Cuando lo lograba, servía como bálsamo y nuevas fuerzas. Él seguía poniendo vino nuevo y yo continuaba dando un mensaje nuevo para alimentar al redil. Una meta personal era leer un libro devocional semanalmente para mantener mi mente activa.

Una de las razones por las cuales Josué fue escogido como líder en Israel porque era un hombre lleno del Espíritu (Números 27:18 y Deuteronomio 34:9). Esto ayudaba a Josué a entender los métodos de Dios. Al llegar a la tierra prometida, Él usó la alabanza y el júbilo del pueblo para entrar a Jericó. ¡Que poderosa enseñanza para nuestras vidas!

El Señor quiere usar nuestra intimidad con Él, nuestra alabanza, adoración, gozo, y júbilo para llevarnos a un nuevo territorio en la misión. Fue la presencia del Señor que ayudó a Josué a gobernar a Israel. El capítulo 24 del libro de Josué me ayuda a entender algo más de esto. El nunca se olvidó de su vida personal. Y cuando habló de la vida personal estoy hablando de tu cónyuge, tus hijos, y de ti mismo. Josué 24:15 dice: "…pero yo y mi casa serviremos a Jehová".

El joven ministro que entra a los votos de matrimonio siempre se debe de recordar que su primer ministerio es su esposa y sus hijos. Él tiene que separar tiempo para primero ser padre y esposo.

Cuando mi esposa Sonia y yo éramos recién casados, yo estaba pasando por unas presiones a causa de la construcción de la iglesia. Mi esposa me dijo un día que lleváramos a jugar al parque a los niños y fui y me senté allí en el parque. Admito que lo hice con muy poco ánimo. Sin embargo, de repente la presencia del Señor vino sobre mí y me dijo: "El gozo en la familia…" Allí comencé a llorar porque entendí que no estaba aprovechando los momentos que tenía con la familia. Es tan importante aprovechar cada momento que tengas con tu familia. Esto es, el padre debe ser un guía espiritual en su casa primero. No podemos ser luz en el mundo si primeramente no somos luz en nuestros hogares. Josué dijo que aunque el pueblo escogiera otros dioses, él y su casa servirían a Jehová. ¡Qué bonita victoria! Si no le vas a dedicar tiempo a tu familia primeramente, mejor no te cases. Eso fue lo que Pablo expresó. Entendemos que hay responsabilidades dentro de la misión que Dios te dio, pero tu hogar es tu primera responsabilidad. Ya el mundo tiene un Salvador, y no eres tú, ni soy yo, sino que es Jesucristo. Tú solo tienes que poner de tu parte.

En tu vida, los cambios vendrán de seguro. Transiciones vendrán a tu vida de niño a joven, y luego a un hombre maduro, y de soltero a casado. Sin embargo, espiritualmente creces en gracia. Los cambios y las transiciones a veces son incómodos, pero cruza el Jordán y esfuérzate. El Salmista David dijo: "Joven fui, y he envejecido, y no he visto justo desamparado, ni su descendencia que mendigue pan" (Salmo 37:25).

Josué usó varios principios para asimilar los cambios en su vida:

1. *Acepta el cambio.* Los cambios son tan inevitables como lo son pagar los taxes. Desde la revolución industrial donde vimos un avance tec nológico hasta el final de la era de comunicaciones. Estamos en una ola de cambios. ¿Te acuerdas? Antes solo teníamos teléfonos en las ca sas, después beepers, y ahora tenemos teléfonos celulares.
No dejes que los cambios te frustren o te enojen. Nunca podrás con trolar los cambios, pero puedes manejarlos y participar en ellos y

decidir cómo vas a reaccionar. Mantente flexible, calmado, y con una mente abierta. Toma una actitud positiva y progresiva al cambio. ¿Qué es lo que tienes que aprender para adaptarte a estos cambios? Busca entender el cambio y el porqué está ocurriendo. A veces los cambios son una oportunidad para que cambies las cosas que sean necesarias para tu progreso. Escoge una estrategia de acción para que no te quedes atrás. Después que tengas una estrategia en mente y la apliques, luego con el t iempo evalúa el progreso.

2. *Guarda tu corazón.* ¿Con qué guardará el joven su corazón? Con la palabra de Dios. Él le dijo a Josué, si tu guardas mis palabras vas a prosperar…Algo que nunca cambia son las promesas de la Biblia hacia tu vida. Hebreos 13:8, "Jesucristo es el mismo ayer, hoy y para siempre." El nunca cambia. Colosenses 1:16-17, "Porque en él fueron creadas todas las cosas, las que hay en los cielos y las que hay en la tierra…vs 17 "Y él es antes de todas las cosas, y todas las cosas en el subsisten." Pablo comparte que Dios existe antes del cambio y aún después del cambio. Él conoce todas las cosas y Él no te dejará solo. Romanos 8:38-39 dice: "Por lo cual estoy seguro de que ni la muerte, ni la vida, ni ángeles, ni principados, ni potestades, ni lo presente, ni por venir, ni lo alto, ni lo profundo, ni ninguna otra cosa creada nos podrá separar del amor de Dios que es en Cristo Jesús Señor nuestro." Cada vez que ocurra un cambio en tu vida donde tengas que lidiar con retos que con gran posibilidad cambiarán tu vida, ánclate en las promesas de Dios.

3. *Esfuérzate en salir adelante.* La palabra esforzar se define como dar o comunicar fuerza o vigor, infundir animo o valor. A mí me gusta mirarlo de esta forma. Cuando tú levantas pesas requiere fuerzas que usualmente no están requeridas en otra actividad como el dormir.

El esfuerzo requiere fuerzas para que se realice la tarea. Para salir de emociones que se levantan frente a los grandes cambios en tu vida va a requerir fuerzas de tu parte. Una actitud de que voy a salir de esto. El esfuerzo es progresivo. El esfuerzo mira hacia el futuro. Cuando cambios lleguen a tu vida, enfócate en lo que Dios tiene para ti en el futuro. Además, acuérdate lo que Jehová le dijo a Josué, "Mira que te mando que te esfuerces y seas valiente." Es una orden Bíblica de parte de Dios que salgas hacia el destino divino de Dios para tu vida.

Puntos Importantes para recordar…

Aguantando los Cambios

1. En tu vida vendrán cambios.
2. No dejes que los cambios cambien quien realmente eres en Dios.
3. Tienes que lidiar con la soledad.
4. Realiza que no estás solo.
5. Guarda sus promesas para tu vida en tu corazón.
6. Usa la Alabanza y Adoración a tu favor.
7. Dios Es, antes y después del cambio.
8. El esfuerzo mira hacia el futuro.

Oración

Dios, te pido que podamos seguir hacia delante. Que no nos dejemos intimidar por los cambios que llegan a nuestras vidas. Gracias Señor, porque tú nunca cambias. Nos agarramos de tus promesas, oh Dios y sabemos y declaramos que la bendición y el favor tuyo están sobre nuestras vidas.

Amén.

Capítulo 4

A DIOS SEA LA GLORIA

"El hombre que simplemente comienza con la idea de ser rico no tendrá éxito, tienes que tener una ambición más grande." John D Rockefeller.

"Yo me rendí y admití que Dios es Dios" C. S. Lewis

"Mas alábese en esto el que se hubiere de alabar: en entenderme y conocerme, que yo soy Jehová, que hago misericordia, juicio y justicia en la tierra; porque estas cosas quiero, dice Jehová." Jeremías 9:24

Uno de los momentos más oscuros en la historia Americana fueron las injusticias que ocurrieron durante el movimiento civil del 1955-1968. La discriminación y el abuso a los derechos civiles eran insoportables. Dios levantó a un adulto joven por el nombre de Martin Luther King, Jr. (Enero15, 1929 – Abril 4, 1968) él fue un ministro, activista, y un prominente líder. Dedicado al progreso del derecho civil en los Estados Unidos. King se casó con Coretta Scott, en Junio 18, 1953, en Heiberger, Alabama. King y Scott tuvieron cuatro hijos; Yolanda King, Martin Luther King III, Dexter Scott King, y Bernice King. King fue el pastor de Dexter Avenue Baptist Church en Montgomery, Alabama cuando solo tuvo 25 años en el 1954. Todos hemos leído de la persistencia y el esfuerzo de Martin Luther King, Jr. Uno de los mensajes más inspiradores para mí fue predicado por él. Se titula, "Yo he estado en la Cúspide de la Montaña" Dr. Martin Luther King, Jr. predicó este mensaje en Memphis, TN en el templo Mason en Abril 3, 1968 el día antes de su asesinato.

Comienza su mensaje declarando que si Dios le preguntara a él en qué época en la historia a le gustaría vivir, él tendría que darse el viaje. Él expresa que diferentes tiempos desde el Renacimiento hasta la guerra civil. En cada época él declara: "yo no puedo parar allí tengo que continuar". Él llegó aceptar que estaba viviendo en el tiempo que Dios destinó para cumplir con la tarea que Él le puso. Dr. King termina el mensaje con estas palabras: "Yo no sé lo que va pasar conmigo ahora. Tenemos tiempos difíciles adelante. Pero no importa ahora. Porque yo he estado en la cúspide de la montaña. Y yo, ya no le doy mente."

"Como a cualquiera me gustaría vivir una vida larga. La longevidad tiene su lugar. Pero no estoy preocupado por eso ahora. Yo solo quiero hacer la voluntad de Dios. Y Él me permitió ir a la cúspide del monte, y he visto por encima. Yo vi la tierra prometida. Yo quizás no llegue con ustedes. Pero en esta noche quiero que sepan, que nosotros, como un pueblo, llegaremos a la tierra prometida. Y yo estoy alegre, en esta noche. No estoy preocupado por nada. No estoy temiendo a ningún hombre. Mis ojos han visto la gloria de la venida del Señor."

Un hombre que pudo entender que lo que estaba pasando en su vida no tenía que ver con fama, posiciones, o el éxito personal. Sino que él estaba llamado y posicionado por Dios para cumplir con una misión. El éxito de él era simplemente esforzarse para cumplir con lo que Dios lo llamó a hacer. El legado que iba a dejarle al pueblo que clamaba para tener los derechos proclamados por las sagradas escrituras. Ninguna posición es duradera, nacemos y morimos. Estamos aquí por tan corto tiempo. Lo que vale es preocuparnos por el hacer el bien. Cumplir con la misión que Dios trazó por nosotros. Porque al fin, la gloria no es del hombre, es de Dios.

En la sociedad que vivimos hay clasificaciones como alta, media o baja clase. Esto describe el nivel financiero de la familia, y no es algo nuevo.

Si nos volvemos a los tiempos medievales, y aún antes de eso, verás que hay diferentes rangos de sociedad. Esto se hizo para estructurar y organizar los miembros de cada comunidad. Esto ha creado un sentido de superioridad en muchas personas. Y aún ha creado el deseo de tener posiciones de autoridad. En la historia, vemos que los hombres en posiciones de poder perpetúan abusos sobre hombres en humildes condiciones. También vemos algunos hombres que han hecho el bien. Las diferentes posiciones en varias organizaciones son plataformas para ayudar a organizar y dirigir a un grupo de hombres para alcanzar su potencial en la comisión que Dios le da. Ellos facilitan ayuda para cada miembro de esa organización. Las posiciones son oportunidades para servir. Yo admiro a los que hacen este tipo de servicio, y los que desean llegar a tener posiciones en las organizaciones donde están afiliados. Pero el temor mío es que jóvenes en el ministerio lleguen a pensar que la única forma de hacer algo es a través de posiciones.

Sin embargo, yo llegué a entender algo – y fue que el Señor me había dado una posición ya, y una plataforma para hacer y cumplir con la misión que Él me dio a través de la unción y la pasión que puso en mi vida para servir en ciertas áreas de necesidad. No te debes de enfocar en la posición, sino en la misión. Yo he visto hombres que han deseado las posiciones de tal manera que han dedicado sus vidas en hacer política para obtener esas posiciones. ¡Que pérdida de tiempo cuando hay tanto que hacer! Creo en ser parte de organizaciones y compartir de mis talentos para ayudarlos si así el Señor me dirige. Si Él abre puertas para llegar a tener una posición de líder en alguna organización, ¡amén! Pero no se debe permitir que el obtener una posición sea el énfasis más grande de la vida. Es como inconscientemente ver ese lugar como la realización de tu llamado. Eso no es así hermano. Recordemos que todos somos partes de un diseño mayor, y un plan mayor. ¡Tú no necesitas tener una posición para cumplir tu misión!

Comparto esto con ustedes porque como ministro joven, tuve que comprenderlo también. Mi llamado vale más que lo que el hombre mira como algo importante. ¡Mi llamado es un servicio para la gloria de Dios!

Creo que muchas de estas cosas se aclaran en la vida del joven ministro cuando se aprende lo que la Biblia dice sobre el éxito. ¿Qué es el éxito? Muchos tienen su propia idea de esto. Te invito a tomar un momento para escribir en un papel lo que tú consideras el éxito para tu vida y para tu ministerio. Es fácil definir el éxito como el logro de una meta. Pero cuando logres esa meta entonces sentirás un vacío. Siempre estamos corriendo detrás del éxito.

El artículo de Laura Nash y Howard Stevenson – Éxito que dura menciona, "…éxito no tiene que ser de una sola dimensión como una guerra de tira y jala entre logros y la felicidad". El autor también declara, "El éxito duradero es emocionalmente renovante, y no provoca ansiedad." De nuevo el éxito no se puede medir solamente por lo que tú veas con tus ojos. El éxito se mide a través de la paz que tú sientes en hacer la perfecta voluntad de Dios para tu vida.

De nuevo, si dibujas la imagen de un logro económico, profesional, posicional, o si te enfocaste en otro ministro exitoso, lo que estás haciendo es comparándote con algo que no puede definir el éxito en tu vida. Piensa en esto: Moisés nunca llegó a la tierra prometida. Ni David llegó a construir el templo. ¿Podrá esto significar que no fueron hombres de Dios exitosos? Puedes discutir sus logros – fueron tremendos – pero el punto final es la pregunta ¿lo terminaron? La respuesta es no. También puedes mirar los errores que cometieron en sus vidas. Los hará a ellos menos exitosos. Bueno, yo los miro a ellos como hombres exitosos porque hicieron lo que Dios los mandó hacer. Cuando estamos en la voluntad de Dios debemos de sentir:

1. *Alegría*- contentamiento por lo que estamos laborando. Como Pablo dijo en Filipenses 4:10 "…pues he aprendido a contentarme, cualquiera que sea mi situación." El contentamiento nos da un sentido de éxito.

2. *Importancia*- lo que tú estás realizando es importante. Si tu sientes que lo que haces no es importante no vas a tener sentido de éxito. De nuevo, tienes que enfocarte en el producto final. Voy a organizar un evento, hacer llamadas, moverme a favor del evento. El producto final es que las personas que vengan conozcan a Cristo.

3. *Legado*- que tipo de visión, valores, y estrategias estás plantando en las vidas que están a tu alrededor. Cuando estés ausente en la tierra y estés en el reino de los cielos, podrá otro continuar con esa misión. Si mueres y la visión muere contigo no va a producir un sentido de éxito.

Jesús, en una ocasión, le dijo a sus discípulos: "Mi comida es hacer la voluntad del que me envió". Uno come cuando tiene hambre. El apetito de Jesús, sin embargo, se saciaba cuando llevaba a cabo lo que el Padre le había mandado a hacer.

Antes de llegar al punto, vamos a ver como el diccionario define la palabra éxito. Se define como resultado feliz de un negocio o actuación. El éxito no depende del lugar donde quiero llegar. Llegar al fin de donde Dios quiere que yo llegue eso es lo que define el éxito para mi vida.

La realidad es que algunos de ustedes que leerán este libro van a predicar, cantar, pastorear, o moverse en otros dones de manera distinta a la que piensan que lo van a hacer. Algunos tendrán iglesias de cien miembros, otros quinientos o miles; cantarán y predicarán en iglesias de miles u otros de 20, pero el éxito se define en terminar de hacer la voluntad de Dios.

En Isaías 55:8, Dios dice a través del profeta: "Porque mis pensamientos no son vuestros pensamientos". Continúa diciendo en el versículo 11: "así será mi palabra que sale de mi boca, no volverá a mi vacía, sino que hará lo que yo quiero y será prosperada en aquello para que la envié."

La frase clave es será prosperada en aquello para que la envié. La palabra que Él puso en ti será prosperada en lo que fuiste enviado a hacer. Así que el éxito de tu ministerio será definido en términos distintos a los que alguna vez pensaste. Se definirá en completar el mandato de Dios sobre tu vida.

Jacob

Me recuerdo del joven Jacob, quien tomó la primogenitura y la bendición que le pertenecía a su hermano Esaú. Primeramente, escuchó a su madre, Raquel. Raquel quería esa bendición para su hijo a como diera lugar. Te aconsejo que como Raquel y Jacob, tú pongas en una balanza lo que te diga la gente y lo filtres con oración cuando hablan algo que se refiere a tu llamado. Vas a escuchar razones por la cual no grabar, no escribir un libro, ni comenzar una iglesia. Quizás te dirán: "Vete a ser misionero". He visto las frustraciones de muchos ministros porque emprendieron una misión que no era la que le pertenecía.

Uno no puede comenzar un trabajo por la conveniencia. Realmente tienes que tener un sentido claro de la misión. ¿Dónde y cuándo vas a comenzar? ¿Qué harás con tu talento y en cuál lugar? Sobre todo, guarda tu testimonio. Jacob se puso las ropas de Esaú y esa ropa no le correspondía. Pasó una gran parte de su vida corriendo para evitar encontrarse con su hermano Esaú por causa de ese error.

No permitas que llegue un momento en tu vida donde te encuentres huyendo de las decisiones que tomaste a causa de los sentimientos de los demás. Pablo le dijo a Timoteo en 2 Timoteo 2:14 estas palabras: "Procura con diligencia presentarte a Dios aprobado, como obrero que no tiene de qué avergonzarse, que usa bien la palabra de verdad".

Lo que cambió la dirección de Jacob fue el encuentro que tuvo con Dios en Betel, la casa de Dios, y en Peniel, que significa rostro de Dios. Cuando te encuentras en un desbalance, busca tener un encuentro con el que te llamó para que Él te encamine de nuevo en la dirección que debes tomar. En el Salmo 73, el joven salmista, Asaf, expresa lo que puede ocurrir cuando nos convertimos en personas que andan en pos del éxito en vez de la voluntad de Dios. El salmista comienza a mirar los éxitos de las demás personas. Ellos siguieron las riquezas y las alcanzaron, también lograron experimentar placeres y todo tipo de prosperidad. También veía que los que deseaban cumplir con Dios sufrían persecuciones. El corazón de este joven ministro se estaba desviando y ya no estaba enfocado en el llamado de Dios, a causa de lo que veían sus ojos.

En el Salmo 73:17, dice: "hasta que entrando en el santuario de Dios comprendí el fin de ellos". El santuario es el lugar donde desciende la gloria de Dios. Es el altar de Dios donde Él obra en el corazón del hombre. Es el lugar donde recibimos autoridad para vencer.

Cuando Asaf tuvo ese encuentro con Dios, sus pies fueron enderezados. Me gusta lo que dicen los versículos 25-28: "¿A quién tengo yo en los cielos sino a ti? Y fuera de ti nada deseo en la tierra; mi carne y mi corazón desfallecen; mas la roca y mi porción es Dios para siempre. Porque he aquí, los que se alejan de ti perecerán; tu destruirás a todo aquel que de ti se aparta. Pero en cuanto a mí, el acercarme a Dios es el bien. He puesto en Jehová mi esperanza, para contar todas tus obras".

Me agrada que Jacob buscó la reconciliación con Esaú. Tú y yo no somos perfectos. Admítelo y escudriña tu corazón antes que camines en un lugar opuesto de donde Dios te quiere. Y si algún día te ves en un lugar donde no te gusta cómo te sientes, busca tener un encuentro en la casa de Dios, ver su rostro, y reconciliarte con tu hermano. Recuerda que el que se humilla será exaltado.

Joven ministro, Dios mira la necesidad del individuo. Los números son impresionantes en los ojos de los hombres, pero Dios solo mira el número uno. A Él le interesa alma por alma. En Marcos 5:21, Jesús se encontraba en medio de una multitud y le apretaban, pero una mujer que tenía flujo de sangre desde hacía 12 años lo tocó. Jesús le preguntó a los discípulos: "¿Quién me tocó?" Los discípulos contestaron que una multitud le apretaba. Sin embargo, Él se refirió a la mujer cuya fe la sanó

Dios no mira los números, sino el individuo. Por eso, debemos darle gracias al Señor por todas las oportunidades que nos da para hablar del evangelio de Dios. Al fin y al cabo, todo el trabajo es para la gloria de Dios.

Gedeón

Cuando Dios llamó a Gedeón, él estaba sacudiendo el trigo en el lagar, porque quería esconderse de las Madianitas. Este pueblo había estado destruyendo los frutos de la tierra por siete años. Y Gedeón se encontraba tratando de sobrevivir a los ataques de los Madianitas. Joven ministro, ¿Qué te encuentras haciendo en este momento? Llega el tiempo donde uno se hace la pregunta que Gedeón se hizo: ¿Dónde están los milagros?

Es cierto que no es fácil encontrar una rosa sin espinas. La Biblia dice en Juan 16:33 que: - "En este mundo tendréis aflicciones…"- A veces las aflicciones tienden a ponernos a la defensiva. Los Madianitas destruyen los frutos. Sabemos que hay que preparar el terreno, sembrar la semilla, y después hay que esperar que los frutos nazcan para la ciega. Por fin, puedes alimentar tu cuerpo y la de tu familia con estos frutos. Sin embargo, llegan los Madianitas para destruir los frutos de la tierra. Lo primero que viene a tu mente es la idea de recoger los frutos que sobrevivieron, ¿no es cierto? También pensarás que debes cuidarte para evitar caer en peligro de los enemigos.

Los Madianitas eran una raza que habitaban en el sureste de Palestina. Estaban ubicados en un desierto norte de la península de Arabia. En la Biblia, Madián está conectada con Abraham, con José, con Moisés, Balaam, y con Gedeón. Madián fue el cuarto hijo de Abraham.

Ya para el tiempo de Gedeón, los Madianitas no estaban organizados como para destruir los Israelitas. Ellos se unieron con los Amalecitas y formaron una caravana nómada innumerable. Los Madianitas se enfocaban en atacar la cosecha de los Israelitas. Ellos no estaban detrás de la destrucción física de los Israelitas, pero querían oprimirlos, atacándoles indirectamente a través de la destrucción de sus frutos.

Vendrán ataques a tu vida que serán indirectos. No buscan destruirte, pero si oprimirte. Comen tus frutos y desean dejarte seco y con pocas fuerzas para progresar. Si alguna vez te sientes estancado o estéril, podría ser a causa de la opresión cuando no ves los frutos que sembraste. La palabra oprimir significa ejercer presión sobre una cosa. Las presiones que sientes te privan de disfrutar de los frutos. En el ministerio hay muchos retos, pero si te dejas consumir por los problemas vas a tener dificultad moviéndote hacia las cosas nuevas que Dios tiene para ti. Por ejemplo, estás en un culto durante la alabanza y la adoración y en vez de gozarte el momento, te enfocas en lo que no están haciendo los ujieres o los fallos de los músicos.

¡Es otro ejemplo de lo que una persona que se preocupa de lo que piensan los demás! También sientes la presión de resolver los problemas. De repente sientes la presión del mundo sobre tus hombros.

Dios no te llamó a resolver problemas, sino a levantar a través de la oración y de su palabra. Si Dios te abre una puerta para llevar a una persona más cerca de una solución, amén, pero ese es el trabajo de Dios, y no el tuyo. Cuando yo comencé en el ministerio, yo quería resolver todos los problemas que me traían. Perdí sueño, fuerzas, y ánimo porque tomé presiones sobre mí que no eran mías. Por eso Dios dice en su palabra: "Estad quietos y reconoced que soy Dios". Aprendí a decir: "Vamos a orar a Dios, y a esperar que Él nos dirija a una solución".

Las Madianitas vienen a nuestras vidas hoy en la forma de pensamientos y preocupaciones que tratan de estorbar el progreso en tu vida. No te quedes en el problema. Sigue el camino a cosas que Dios tiene para ti. Las victorias internas son mejores que las externas. Puedes tener un evento que fue de tremenda bendición, pero las presiones te tienen dentro de una cueva. La Biblia dice que el Ángel de Jehová vino a comisionar a Gedeón para librar a Israel de la opresión de los Madianitas.

El ángel le aseguró que Jehová estaría con él, y el tendría la victoria. Gedeón no quería aceptar que Jehová podría estar con él a la misma vez que él estaba pasando por la prueba. Jehová tuvo que continuar animándole con su palabra. "Derrotarás a los Madianitas como si fuera un solo hombre". También le dio señales hasta que Gedeón aceptó que Dios quería usarlo a él para llevar Israel fuera de la opresión.

Joven ministro, si Dios está con nosotros, quién contra nosotros. En su voluntad está la victoria. Desecha todo pensamiento y preocupación que te tienen encerrado en tu cueva y muévete hacia la voluntad del Padre para tu vida. Si te preocupas tanto por lo que piensan los demás de ti, de la visión o de lo que debes hacer, te estás poniendo una presión innecesaria. Eso es una opresión. Enfócate en hacer lo que estás llamado a realizar. Esto tiene que ver más con victorias privadas que públicas. Fue una victoria privada para Gedeón creerle a Jehová y moverse hacia adelante.

Pon atención que cuando Gedeón comenzó a moverse en la misión que Dios le dio, lo primero que él hizo fue eliminar una porción del ejército con que él contaba. No todos los que comenzaron contigo van a llegar contigo. Es interesante lo que dice Jueces 7:21

"El pueblo que está contigo es mucho para que yo entregue a los Madianitas en su mano, no sea que se alabe Israel contra mí, diciendo, Mi mano me ha salvado."

Como joven ministro, tuve que entender que los éxitos, logros, o progresos que ocurrieron en mi vida no acontecieron por mi mano, sino por la mano de Dios. Gedeón derrotó a los Madianitas porque la mano de Dios estuvo con él. Al fin, en nuestra peregrinación todo lo que hacemos ¡es para la Gloria de Dios!

Jehová le dio un ejército movible y Gedeón pudo capturar a los reyes de Madián. El no paró hasta llegar a derrotar cada enemigo que robó cosas de su vida. Así como Gedeón, Jehová te dará un ejército movible, y no se detendrá hasta que cada opresión y preocupación que hayan querido detener tus talentos, sean derrotadas.

Cuando el Ángel de Jehová encontró a Gedeón, lo encontró dentro de una cueva, escondiéndose. ¿Detrás de qué excusa te estarás escondiendo tú? No puedo, soy muy joven, no sé hablar, no tengo el tiempo, ni el dinero te dirás. Muchas cosas pueden cruzar por tu mente. Gedeón tenía miedo de los Madianitas. Cualquiera puede decir de Gedeón que era miedoso. Dicho sea de paso, Gedeón se veía inferior para confrontar los Madianitas. Pero Dios vio a Gedeón no en su estado presente emocional, pero en quien realmente iba ser Gedeón a través de Él.

Jueces 6:12 dice: "Jehová está contigo, varón esforzado y valiente..." Jehová vio al que estaba escondido como un joven esforzado y valiente. Tú en las manos de Dios eres un joven valiente capaz de cumplir lo que Él te mande a hacer.

Jefté

Jefté era hijo de una mujer ramera, y el padre de Jefté era Galaad. Jefté vivió en un tiempo después que Dios había librado el pueblo de Israel a través de un líder con un llamado divino – el joven Gedeón. Pero cuando Jefté crecía, el pueblo había regresado a la abominación de adorar falsos dioses. La gente de Moab comenzó a atacar y oprimir el pueblo.

Dios llamó a Jefté, pero esto no fue una cosa que tú ni yo hubiéramos esperado. Jefté había sido rechazado por sus propios hermanos y familia por causa de sus raíces, por haber nacido de una ramera.

El Espíritu Santo me habló cuando yo estudié esta historia de la Biblia diciéndome: "Siempre tendrás personas que te van a rechazar, a ti o tu llamado, y te querrán echar al lado porque tu linaje no es el que ellos reconocen como especial."

Quizás tus padres no le sirvieron al Señor, o quizás querrán recordarte tu pasado y los errores que cometiste antes de servir al Señor. Jefté tuvo que bregar con los sentimientos de rechazo. Si escuchas esos pensamientos por largos periodos de tiempo, llega el momento donde comienzas a creerlo. El rechazo es parte del llamado. El mismo Jesús, siendo el Hijo de Dios lo vivió.

Habrá momentos que te sentirás echado hacia un lado por otros ministros, familiares, y aún miembros de tu iglesia u organización. ¿Qué podrás hacer en esos momentos? La tendencia es tomar una actitud de aislamiento en el trabajo o ministerio, de retirarse o hacer lo mínimo.

Sin embargo, lo primero que debes hacer es ir a la palabra de Dios donde dice: "No nos cansemos, pues, de hacer bien; porque a su tiempo segaremos, si no desmayamos. Así que según tengamos oportunidad, hagamos bien a todos y mayormente a los de la familia de la fe" (Gálatas 6:9-10).

Esto no es fácil cuando estás dando el 100% y tienes personas que pasan por alto o ignoran las bendiciones que están recibiendo a través del llamado que Dios te ha dado. No es fácil joven, pero es necesario.

Segundo, recuerda esta otra escritura, Colosenses 3:23 que dice: "Y todo lo que hagáis, hacedlo de corazón, como para el Señor y no para los hombres."

Cuando guardamos nuestros corazones, sabemos que el hombre rechaza pero aquel a quien le servimos nunca nos rechaza.

También, 1 Corintios 10:31 dice: "Si, pues, coméis o bebéis, o hacéis otra cosa, hacedlo todo para la gloria de Dios".

El rechazo te hace sentir que no tienes valor. Pero recuerda esto; Él te valoriza tanto, que murió por ti.

Tercero, date cuenta que no eres mejor que Jesús. Juan 1:11 dice: "A los suyos vino, y los suyos no le recibieron".

Cuando Jesús anunció que Él era el cumplimiento de las Escrituras dicha a través del profeta Isaías en Juan 4:16-29, dijo así:

"En la sinagoga se levantaron y llevaron a Jesús a la cumbre del monte y querían arrojarlo."

Así que, ¡imagínate qué querrán hacerte a ti o a mí! Jesús les dijo claramente a sus discípulos que iban a enfrentarse con persecución.

Regresando a la historia de Jefté, cuando sus hermanos y familiares fueron para que él les resolviera el problema con los Madianitas, en Jueces 11:7, éste le contestó así: "¿No me aborrecisteis vosotros y me echasteis de la casa de mi padre?"

Jefté pasó por lo mismo que muchos jóvenes ministros pasan hoy después de haber sufrido rechazo. El sintió enojo y se amargó, preguntándose porqué ellos querían la ayuda de quien ellos habían rechazado.

¡Cuidado! El enojo se define como un movimiento del ánimo, que como resultado de algo que nos perjudica o contraría, nos dispone contra una persona o también contra una cosa. C.H. Dodd acerca del enojo dijo:

"La ira es el efecto del pecado humano; la misericordia no es el efecto de la bondad humana, sino que es inherente al carácter de Dios."

La ira es un fruto de la carne. No podemos ser sensuales si queremos alcanzar éxito en nuestro servicio a Dios. Hacer el trabajo del Señor basándolo a cómo me siento, o cómo me están tratando es una manifestación de la carne y no del Espíritu.

La Biblia dice: "Airaos pero no pequéis…" en Efesios 4:26. Es una reacción humana enojarse, pero el pecado sería no practicar la misericordia que viene de Dios.
Jefté reconoció que ellos lo escogieron a él por causa de su fe. Aquí no se refiere a su abundancia de fe, sino que Jefté se mantuvo creyendo en un solo Dios. Sus hermanos reconocían que su creencia en Dios iba obtenerle favor en este conflicto. Las personas siempre regresan a la persona que tiene el favor de Dios cuando pasan por problemas.

¿Qué vas hacer, joven ministro? ¿Rechazarlos, o ayudarlos? Jefté venció el enemigo. Ayudó el pueblo, derrotando a los Amonitas y tú también vas a derrotar el enojo y los sentimientos de rechazo.

Jefté le hizo una promesa a Dios en Jueces 11:31, y fue esta: "Cualquiera que saliere de las puertas de mi casa para recibirme cuando regrese victorioso de los Amonitas, será de Jehová, y le ofreceré en holocausto".

Jehová le dio la victoria, y cuando llegó a su casa la primera que salió fue su hija. Jefté no la sacrificó físicamente – eso iba en contra de la ley mosaica, pero su hija se mantuvo virgen por el resto de su vida. Nosotros somos sacrificio vivo para dedicar toda nuestra vida al servicio del Señor.

Sansón

Después de la muerte de Josué, la mayoría de la tierra prometida era un territorio dividido. Por 200 años, Dios seguía levantando jueces cada vez que Israel se arrepentía para librarlos de su opresión. Uno de los jueces fue Sansón. Él era diferente a los otros jueces porque los demás habían sido líderes de milicia o líderes religiosos de Israel. Sansón no fue ni líder militar ni líder religioso.

Dios tiene la forma de mostrarnos que la única razón que estamos labrando, sirviendo, y trabajando en el ministerio donde hoy te ubicó es porque Él te escogió. Sansón fue la contestación a una oración. El padre de Sansón se llamaba Manoa. Un ángel vino a él y le habló acerca de Sansón. Me gusta la pregunta que le hizo Manoa al ángel en Jueces 13:12 esto: "¿Cómo debe ser la manera de vivir del niño y que debemos hacer con él?"

El padre deseaba dirección para criar bien su hijo. Es muy importante que cada padre cuyo hijo tiene un llamado de parte de Dios procure dirección de Dios para criarlo bien. Sabemos que un niño o joven que Él llama es una persona muy especial, y el enemigo de nuestras almas lo sabe también. El padre debe de cuidar las cosas que el niño ó joven está viendo, cuáles son las cosas en las que está participando, las amistades que tiene, la música que está escuchando, y dónde y cómo está invirtiendo su tiempo. Debe de estar velando si ve el joven alejándose de los principios bíblicos, y debe recordarle de cuidar la oración, el ayuno, y la lectura de la Palabra. También hay que recordarle que él tiene un llamado especial, y que Dios lo ha separado para Su servicio. A la misma vez, el padre tiene que dejarlo ser niño y dejarlo ser joven. Que salga a jugar con los demás niños, vea programas no ofensivos, y simplemente que tenga tiempo para gozarse la vida.

El joven no siempre va a tener la Biblia en sus manos, viviendo de manera antisocial. También, en medio de las actividades de la vida debe de recordar su santidad. El padre de Sansón, Manoa, reconoció que él era solamente mayordomo de la vida de su hijo. Aun cuando Sansón encontró esa pareja con quien él quería estar, les pidió el consentimiento a sus padres. El ángel le dijo a Manoa que criara el niño como nazareo. Números 6:3-5 dice: "se abstendrá de vino y de sidra; no beberá vinagre de vino, ni vinagre de sidra, ni beberá ningún licor de uvas, ni tampoco comerá uvas frescas ni secas. Todo el tiempo de su nazareato, de todo lo que se hace de la vid, desde los granillos hasta el hollejo, no comerá. Todo el tiempo del voto de su nazareato no pasará navaja sobre su cabeza; hasta que sean cumplidos los días de su apartamiento a Jehová, será santo; dejará crecer su cabello". Con esto, vemos que Sansón era un joven que debería ser apartado para el Señor. Joven ministro, las reglas que te pongan tus padres o aquellos que el Espíritu Santo ponga en tu corazón existen solamente para guardar tu santidad. No las mires como dogmas religiosas. Un dogma es un sistema puesto por hombres. En la historia de los reyes, dogmas eran decretos emitidos por el rey. Si el Rey de Reyes pone en tu corazón que te apartes de cierta cosa y sigas ciertas leyes en tu vida porque te van a llevar más cerca de Él, hazlo.

Dogmas se convertirán en rutinas religiosas cuando son puestas por organizaciones y por los hombres para dominar a los individuos. Hay reglas que el Señor puso en mi vida que yo sigo, pero no se las impongo a nadie, porque fueron cosas que Dios me mostró para acercarme más a Él.

Cuando predico, sin embargo, establezco que hay leyes, principios y ordenanzas bíblicas que sí debemos de seguir. Mi pregunta es, como llamado y escogido del Señor ¿Qué esta Dios poniendo en tu corazón para mantenerte cerca de Él? En mi caso personal, cuando cumplo con requisitos de Dios para mi vida, siento su unción y poder sobre mí de una manera sobrenatural. Cuando no lo hago, los dones que Dios me ha dado no fluyen de la misma manera. Así fue para Sansón también. Cuando Él seguía las convicciones personales que Jehová le puso, tenía una fuerza sobrenatural. Sansón despedazó al león y con la quijada de un asno mató a mil hombres. El cabello era un símbolo de la obediencia de Sansón a las reglas puestas por Dios en su vida. La palabra convicción viene de la palabra convencer, que se define como precisas con argumento o pruebas a reconocer la verdad de una cosa. Esto ocurre por obra del Espíritu Santo. El Espíritu Santo quita la ceguera espiritual y nos lleva a toda verdad. Por la obediencia a nuestras convicciones en el momento que nos enfrentamos al ejército, Jehová nos da la victoria. Jueces 15:14 dice: "El Espíritu Santo vino sobre él". Me gusta el ejemplo de Sansón, porque él fue un juez que no tenía un título como los otros jueces. Para ser un ministro, no necesitas títulos de Pastor, Evangelista, ni Salmista (ministro de alabanza y adoración) para levantar a otros. Hay personas que Dios llama a ser maestros, profesores, policías, secretarias, y mecánicos. Sansón fue usado para libertar a un pueblo, pero tú puedes ser usado para libertar tu salón de clases. Sansón entró en problemas cuando rompió la conexión con sus fuerzas. El problema que tenía Sansón era la lujuria. Él no lo reconoció y fue tentado por Dalila. Ella sólo fue el vehículo usado en ese momento para exhibir la debilidad de Sansón. Eso lo llevó a romper con la ley de Dios.

Sigo diciendo ley porque las convicciones que vienen de parte de Dios a través del Espíritu Santo deben de convertirse en algo más que sencillas palabras, se convierten en leyes. Cuando se violan las leyes, se sufren las consecuencias.

¿Qué haces si traicionas una de tus convicciones? Haz lo que hizo Sansón. El esperó que el cabello le creciera de nuevo. En otras palabras, no esperes tener las mismas fuerzas al día después que perdiste ese contacto con Dios. El cabello crece a la medida de dos pulgadas al mes, más o menos. Toma tiempo regresar a esas fuerzas, como toma tiempo dejar crecer el pelo. Pero debes fomentar tu relación con Dios cada día, y de repente, como Sansón, tus fuerzas regresarán. Ese último día, Sansón destruyó más Filisteos que en todas sus luchas. Si tu sientes que has cruzado la línea, haz memoria de cómo el Espíritu Santo te ministró cuando recibiste esas instrucciones.

Yo, ¿ayuno semanalmente porque la Biblia me dice que ayune semanalmente? ¡No! Lo hago porque es una convicción – una verdad que el Espíritu Santo puso en mi corazón para mantener mi corazón cerca de Dios. Yo te exhorto acerca de la importancia de ayunar porque es Bíblico, pero la Biblia no especifica cuantas veces debemos ayunar, ni cuándo. Esa es una de las varias convicciones que Dios me dio.

¿Cuáles son algunas que Dios ha puesto en tu corazón? ¿Las estás siguiendo? Joven ministro, esto te ayudará a derrumbar murallas.

Las enseñanzas que Dios le dio a cada uno de estos hombres nos dan claves y hábitos importantes para nosotros obtener el éxito que Dios desea que tengamos.

Puntos de Reflexión

a. <u>Creer</u> - **para realizar cualquier cosa en la vida tienes que creer que puedes hacerlo. En Filipenses 4:13 Pablo dice, "Todo lo puedo en Cristo que me fortalece" Tienes que tener fe que vas a lograr las metas que tienes.**

b. <u>Acción</u>- **nada se mueve hasta que tú te muevas. La Biblia dice en Santiago 2:17, "Así también la fe, si no tiene obras, es muerta en sí misma."**

c. <u>Disciplina</u>- **la disciplina crea consistencia y persistencia en nues tras vidas. Una persona que es disciplinada es una persona cumplido ra y responsable. Una persona disciplinada mantiene sus convicciones a pesar de las circunstancias. Tiene un parámetro de principios que mantienen el orden en su vida.**

d. <u>Valor</u>- **sentido de urgencia aunque las fuerzas contrarias sean más grandes que tú. Asumir el reto de enfrentarte en obediencia a la tarea que tengas delante.**

Calvin Coolidge dijo:

"Nada en este mundo puede tomar el lugar de la persistencia. El talento no lo hará; no hay nada más común que hombres talentosos pero sin éxito. La sabiduría no lo hará; la sabiduría sin recompensa es casi tan común como un proverbio. La educación no lo hará; el mundo está lleno de delincuentes educados. La Persistencia y determinación solo puede…"

Todos han escuchado en los sermones de las iglesias que Dios los ha llamado a su gloria celestial y que toda la Gloria le pertenece a Dios. Entonces ¿qué significa la palabra Gloria? La palabra griega que se ha traducido como "gloria" es la palabra doxa. La raíz de esa palabra se relaciona con "pensar, suponer", así que su significado primario es "opinión favorable"; su significado secundario es "reputación, honor" como la consecuencia directa de un reconocimiento.

Pero en vista de que la gloria es un reconocimiento público, ¿de dónde salió la gloria de Cristo?

En el evangelio de Juan 8:50 Jesús dijo, "Pero yo no busco gloria para mí mismo; hay quien busca y juzga....54 Jesús contestó: "Si yo me glorifico a mí mismo, mi gloria no es nada. Es mi Padre quien me glorifica, el que ustedes dicen que es su Dios".

La Gloria de Jesús venia de la aprobación del Padre, y sabía que esta "gloria" se haría pública cuando fuera resucitado, y sucedió exactamente como él esperaba:

Hebreos 2:7-9 dice, "Lo hiciste un poco inferior a los ángeles; con gloria y honra lo coronaste, y lo nombraste sobre las obras de tus manos. Todas las cosas las sujetaste debajo de sus pies". Porque al sujetar todas las cosas a él, no dejó [Dios] nada que no esté sujeto a él. Ahora, sin embargo, no vemos todavía todas las cosas sujetas a él; pero contemplamos a Jesús, que había sido hecho un poco inferior a los ángeles, coronado de gloria y honra por haber sufrido la muerte, para que por la bondad inmerecida de Dios gustase la muerte por todo [hombre].

Siempre debemos darle la gloria a Dios y a su Hijo, pues en primer lugar Él es nuestro Creador, y en segundo nuestro Señor. También, la Biblia insiste en que glorifiquemos a Dios principalmente:

1 Pedro 4:11 Si alguno habla, [que hable] como si fueran [las] sagradas declaraciones formales de Dios; si alguno ministra, [que ministre] como dependiendo de la fuerza que Dios suministra; para que en todas las cosas Dios sea glorificado mediante Jesucristo. De Él son la gloria y la potencia para siempre jamás. Amén.

En el cielo, muchas criaturas dan gloria al Padre que está sentado en el trono:

Lucas 2:14 "Gloria en las alturas a Dios, y sobre la tierra paz entre los hombres de buena voluntad"

El merece toda la Gloria, Honra y el Honor por sus atributos. Dios es amor, paz, verdad, misericordiosa para con nosotros, omnisciente, omnipotente, y omnipresente, Alpha y Omega, y Principio y Final. ¡A Dios sea la Gloria!

Puntos importantes para recordar…

A Dios sea La Gloria

1. Las posiciones son oportunidades para servir en una función específica.
2. Dios te ha dado una posición y plataforma a través de la unción y pasión que el pone en tu vida para servir.
3. Tú eres parte de un diseño mayor y un plan divino.
4. Tú no necesitas posiciones para cumplir con tu misión.
5. El éxito se mide a través de la paz que tú sientes en hacer la perfecta   voluntad de Dios para tu vida.
6. Su palabra será prosperada en lo que fue enviada hacer.
7. El éxito se define como completar el mandato de Dios sobre tu vida.
8. Dios no mira números, él solo mira al individuo.
9. Las victorias internas son mejores que las externas.
10. ¡A Dios sea la Gloria!

Oración

Dios danos el valor para confrontar las circunstancias de la vida. Señor te pido que podamos mantener el enfoque en la misión y no en querer tener posiciones en la Iglesia, organizaciones, o en la comunidad. Padre si tú abres puertas para que obtengamos posiciones, que sepamos que somos servidores. Que levantemos a los demás y no a nosotros mismos. Que el enfoque no sea en la posición sino en la misión. Padre que siempre te demos la gloria a ti.

Capítulo 5

SIGUE LA GRACIA Y LA VERDAD

"La carga de la vida es puesta por nosotros mismos, su verdad por la gracia de Cristo y el amor de Dios" -William Bernard Ullathorne (1806-1889)

"La ley detecta, la gracia vence el pecado." Saint Augustine of Hippo (354-430)

"Gracia no es la oración que haces antes de recibir los alimentos. Es la manera de vivir. La ley me dice cuan pecador soy. La Gracia viene y me endereza." -Dwight Lyman Moody (1837-1899)

"Porque por gracia sois salvos por medio de la fe; y esto no de vosotros, pues es don de Dios; no por obras, para que nadie se gloríe. Porque somos hechura suya, creados en Cristo Jesús para buenas obras, las cuales Dios preparo de antemano para que anduviésemos en ellas." Efesios 2:8

Una de las tragedias mundiales ocurrió durante la Segunda Guerra Mundial. Fue un conflicto militar global que duró desde el 1939- 1945. Estoy hablando del Holocausto, donde un genocidio de 11- 17 millones de personas la mayoría siendo Judíos perdieron sus vidas. La voz de aquellos que lucharon para vivir se personifica a través del diario de Anne Frank.

Annelies Marie "Anne" Frank nació en Junio 12 del 1929 en Frankfurt del Meno, es uno de los personaje más conocidos y hablado del Holocausto. Las escrituras que ella escribió son conocidas como El Diario de Anne Frank y es uno de los libros más leídos en el mundo. Nació en Frankfurt del Meno en Weimar Alemania, donde vivió la mayoría de su vida. La familia se mudó desde Alemania hasta Ámsterdam en el 1933, el mismo año que los Nazis tomaron el poder en Alemania.

En el principio del 1940 ellos se encontraron atrapados en Ámsterdam por la ocupación de los Nazis. La persecución Judía se incrementó y la familia decidió esconderse en las oficinas de Otto Frank, el padre de Anne Frank. Después de dos años, el grupo fue traicionado y fueron transportados al campo de concentración. Anne Frank y su hermana, Margot, fueron transferidos al Bergen-Belsen campo de concentración donde murieron de tifus en Marzo del 1945.

Otto Frank, el único que sobrevivió de la familia, regresó a Ámsterdam cuando terminó la Guerra y encontró el diario de su hija. El deseo de su hija era de algún día publicar un libro. Los esfuerzos de su padre llevaron a la publicación del diario de Anne Frank en el 1947. Si nunca has tenido la oportunidad de leer el Diario de Anne Frank, ponlo en tu lista de libros para leer. Realmente se puede ver el trato de Dios en la vida de esta joven. Sus palabras están llenas de la gracia de Dios. Aquí están algunas de las declaraciones de su diario:

"Cuan sublime es que nadie tiene que esperar ni un solo momento antes de comenzar a mejorar el mundo."

"Yo mantengo mis ideales, porque a pesar de todo yo creo que las gentes son bien buenas de corazón."

"El mejor remedio para las personas que tienen miedo, solas o infelices es salir afuera, ir a algún lugar donde pueden estar silenciosas, solo con los cielos, la naturaleza y Dios. Porque solo entonces uno se siente que todo está como debe de ser."

Anne Frank estuvo por dos años en un pequeño cuarto donde dormía por el día y cualquier otra actividad se hacía de noche para que nadie se enterara de donde estaban escondidos. Esta era una joven que, podría dejar raíces de amargura crecer y aun tener resentimiento hacia la humanidad tratando de hacer mal. Pero ella tomó la decisión de no dejar que las circunstancias dictaran quien ella iba a ser como persona. Ella prefirió seguir la gracia de Dios. Él fue su amigo y su sustento los dos años que estuvo encerrada en ese cuarto. Anne Frank se parece mucho a una joven en la Biblia llamada Rut.

Rut
En el tiempo de los Jueces, había una joven que se mantuvo fiel al Señor. Esta joven se llamaba Rut. La historia de Rut es una prueba de que Dios está activo en la vida de los que se mantienen fieles a Él y a su Palabra. El nombre de Rut significa amistad. Antes de entrar a otro punto, quiero primero hablar sobre la importancia de tener amistades en el ministerio.

La realidad más triste del ministerio es la falta de amigos. Tenemos muchas personas que llamamos hermanos y hermanas, pero muy pocas personas que podemos llamar amigos. Van a haber días donde vas a desear compartir tus tristezas, tus luchas internas, y aún tus logros, derrotas y errores. Eso no se puede compartir con todas las personas. Esto puede convertirse en los comienzos de las frustraciones silenciosas. Estas frustraciones pueden llevarte a un lugar seco, como Moab fue para Noemí.

El alimento era escaso por la sequía que había en ese lugar. Moab era el lugar donde murió Elimelec, marido de Noemí, Mahlón, esposo de Rut, y Quelión, esposo de Orfa.

Moab es el lugar donde muchos ministros jóvenes mueren. Es el lugar donde hay un silencio de muerte. También es lugar donde tú quieres decirle a una persona que no sientes la misma pasión o que el fuego se te está apagando y no sabes qué hacer. Aquí deseas buscar un consejo sabio, pero a veces solo encuentras una crítica o palabras que te hacen sentir el deseo de dejarlo todo atrás. Es el lugar donde otros amenazan quitarte lo que Dios te dio. Es el lugar donde la inseguridad y la duda se manifiestan.

Es tan importante que tú salgas de esos lugares secos y busques un amigo. Pero, ¿quién? te preguntas. Tienes que tomar riesgos y pedir dirección del Espíritu en cuanto a quién le vas a hablar. La palabra amistad se define como un afecto personal, puro, y desinteresado, que nace y se fortalece con el trato. La relación de amigos no es algo que nace, sino se hace. Es trabajoso, pero a medida que pasa el tiempo más confianza hay. Esto implica que hablar con esa persona una vez o dos al año no es suficiente. Tienes que fomentar esa relación y llevarla a un punto donde puedes ser tú.

Yo clasifico mis amistades en tres categorías: **profesionales, espirituales, y sociales.** Una **amistad profesional** puede ser una persona que Dios pone en tu entorno para ayudarte a crecer en algún área específica de tu vida. Incluye aquellos a los que puedes decirle: Yo no sé como bregar u operar en este aspecto del ministerio o en mi vida. Yo por ejemplo, tengo un amigo que en el aspecto de la tecnología me ayudó muchísimo a ponerme al día con el ministerio. Me ayudó a obtener un sitio cibernético (website) en la promoción y a organizar mi oficina con programas y sonido para la iglesia. Cada vez que quiero avanzar en ese aspecto, voy a él. El Señor ha puesto en mi entorno amigos mecánicos, consejeros, abogados, profesores universitarios, y doctores quienes me ayudan a salir de retos serios. Si yo no tuviera esos amigos, no sé qué yo haría. Para mí son amigos especiales.

Tengo amigos que los clasifico como **amistades espirituales.** No estoy diciendo que los otros que tengo no lo son, pero no tengo el mismo nivel de confianza para hablarles a estas amistades de lo interno que estoy pasando. Estos amigos los reconozco por su fe, personas que se enfocan en la intercesión, la oración, y el ayuno. Estos son los más difíciles de conseguir – con los cuales tú puedes, como Noemí vio en Rut, ver que en los momentos secos no va a ser como Orfa que se fue de su lado.

Yo solo tengo un amigo pastor al cual puedo ir y dejarle saber mis inquietudes sin ninguna preocupación. En varias ocasiones, me he sentido en Moab, donde no he visto frutos de mi trabajo, y las lluvias no han bajado. Este amigo intercede por mi – no una oración superficial, sino una oración que incluye el ayuno, pidiéndole al Señor que llueva sobre mí vida, rompiendo barreras, atando al hombre fuerte. Yo he sentido la eficacia de estas oraciones. Te recordarás de las amistades de Job. (Job 2:1) Uno de ellos – el mayor – fue Elifaz. El primero de hablar fue con el propósito de quedarse con Job en medio de su aflicción. Cuando ellos vieron a Job, no le reconocieron.

Fue tan grande la amargura que sintieron que se quedaron sentados en la tierra por siete días. Por fin, no entendiendo la aflicción, Elifaz reprendió a Job porque pensaba que seguramente hizo algo en contra de Dios.

Hay amigos que no están preparados para ministrarte en momentos de necesidad. En Job, capítulo 42, vemos que Job tuvo que perdonarlos, porque no usaron la sabiduría de Dios. Van a haber momentos donde te vas a encontrar en esa misma situación donde vas a tener que perdonar a tu amigo porque no usó la sabiduría y la ciencia de parte de Dios, sino que se dejó llevar por sus ojos y por sus emociones.

El libro de Proverbios nos da algunos fundamentos importantes de cómo mantener y tratar un amigo. Proverbios 17:17 dice:

"En todo tiempo ama el amigo, y es como un hermano en tiempo de angustia." El amor se define en la Biblia como: "…sufrido, benigno; el amor no tiene envidia, el amor no es jactancioso, no se envanece, no hace nada indebido, no busca lo suyo, no se irrita, no guarda rencor, no se goza de la injusticia, mas se goza de la verdad. Todo lo sufre, todo lo cree, todo lo espera, todo lo soporta. El amor nunca deja de ser…" (1 Corintios 13:4-8)

Ama el amigo. Van a sufrir, van a venir momentos donde se van a enojar o irritar, pero la Biblia dice, "ama el amigo". Rut amó a Noemí lo suficiente como para seguirle a un territorio desconocido por ella.

Proverbios 18:24 dice: "El hombre que tiene amigos ha de mostrarse amigo; y amigo hay más unido que un hermano". Un amigo te enseña que es amigo. El amor se muestra, es una acción dada por palabras, regalos, consejos, y compañerismo.

Proverbios 27:10 dice: "No dejes a tu amigo, ni al amigo de tu padre, ni vayas a la casa de tu hermano en el día de tu aflicción. Mejor es el vecino cerca que el hermano lejos".

En el momento donde tu amigo esté en Moab, y tenga que moverse a otras etapas del ministerio, no lo dejes solo. Muéstrale que Dios lo va a llevar a nuevos lugares en Él. Y en el día de tu angustia, Él nunca te dejará.

Clasifica la tercera clase de amigo como el **amigo social.** Sí, el ministro joven necesita socializar. Yo salía con otros amigos cristianos a comer y pasábamos horas riéndonos uno del otro, hablando de política, y otros temas. Salíamos a jugar juegos como el baloncesto. Nos divertíamos tremendamente. Este tipo de amistad es necesaria en tu vida. Esto no es pecado. Al contrario, te va ayudar a perseverar en lo que estás haciendo.

El gozo es un fruto del Espíritu Santo, y si no encuentras momentos para gozarte, vas a perder las fuerzas. Yo he recibido algunas de las mejores críticas constructivas en este tipo de ambiente. Cuando necesito reírme, sé a quién llamar.

Proverbios 27:17 dice: "Hierro con hierro se aguja, y así el hombre aguja al rostro de su amigo".

Cuando estás triste, deja que tu amigo cambie tu rostro. Las tres formas de la amistad han servido de ayuda para mi ministerio. El joven ministro necesita balancear los tres estilos de amigos y amarles de igual manera porque cada cual es importante.

Rut siguió a su amiga. El nombre de Noemí implica gracia. Rut caminó en pos de la gracia, aunque la llevó a lugares lejos de su hogar. La gracia la sacó de los lugares secos de su vida, y ella llegó a la tierra de Judá donde había grano para comer.

Noemí abrió puertas y dio consejos que la llevaron a los pies de Booz, quien iba llegar a ser la provisión de Dios para Noemí y para Rut, junto con sus hijos.

Así trabaja la gracia de Dios. La palabra amigo se deriva del sajon freand que significa un amado o libertador. La palabra griega es philos, y esta significa uno que ha sido libertado. Fue la gracia de Dios que impartió el conocimiento que tenemos que nos sacó de una posición de esclavo a tener amigos. En Juan 15:15, nos dice Jesús:

"Ya no os llamaré siervos, porque el siervo no sabe lo que hace su Señor; pero os he llamado amigos, porque todas las cosas que oí de mi Padre, os las he dado a conocer".

En otras palabras Jesús le dio el conocimiento que necesitaban para que fuesen parte de su vida. El favor de Dios, el cual no merecía, esta gracia, nos hace parte de su vida. Por eso podemos ser amigos de Dios. El conocimiento que le das a tu amigo lo sacará de ser conocido o siervos a ser verdaderamente tus amigos.

Joven ministro, rompe barreras de aislamiento, inseguridad, duda, y temor y tendrás un amigo valiente a tu lado hasta la muerte. ¡Que bueno es ser un joven ministro y saber que no estás solo!

Cuando yo pienso de la gracia mi mente y corazón lo relaciona a la amistad porque nuestro mejor amigo es Dios. Él nos extiende su amistad y amor. La palabra gracia viene del griego 'charis' y tiene que ver con 'regalo', o 'dádiva'. Recibimos una explicación de la escritura. Pablo dice en Romanos: 4:2-5

"Porque si Abraham fue justificado por las obras, tiene de qué jactarse, pero no para con Dios. Porque ¿qué dice la Escritura? Y CREYO ABRAHAM A DIOS, Y LE FUE CONTADO POR JUSTICIA. Ahora bien, al que trabaja, el salario no se le cuenta como favor [charis], sino como deuda; mas al que no trabaja, pero cree en aquel que justifica al impío, su fe se le cuenta por justicia."

La palabra traducida 'favor' es charis. Así que la palabra gracia es "un regalo que no se ha ganado" o un regalo inmerecido.

Adicionalmente, Pablo declara que la gracia no puede ser 'ganada' por las obras cuando se refiere a la salvación en su carta a los Efesios: 2:3-9, "entre los cuales también todos nosotros en otro tiempo vivíamos en las pasiones de nuestra carne, satisfaciendo los deseos de la carne y de la mente, y éramos por naturaleza hijos de ira, lo mismo que los demás. Pero Dios, que es rico en misericordia, por causa del gran amor con que nos amó, aun cuando estábamos muertos en nuestros delitos, nos dio vida juntamente con Cristo (por gracia habéis sido salvados), y con Él nos resucitó, y con Él nos sentó en los lugares celestiales en Cristo Jesús, a fin de poder mostrar en los siglos venideros las sobreabundantes riquezas de su gracia por su bondad para con nosotros en Cristo Jesús. Porque por gracia habéis sido salvados por medio de la fe, y esto no de vosotros, sino que es don de Dios; no por obras, para que nadie se gloríe. Porque somos hechura suya, creados en Cristo Jesús para hacer buenas obras, las cuales Dios preparó de antemano para que anduviéramos en ellas."

Pablo explica que todos los hombres éramos "hijos de ira" pero Dios "nos amó", "nos dio vida", y "nos resucitó"(espiritualmente). Pablo declara que "por gracia sois salvos", no por merecerlo.

En la concordancia Strong la gracia se define como, "La influencia divina sobre el corazón, y su reflejo en la vida".

La gracia de Dios de ninguna manera le quita la importancia de vivir una vida santa, sino que la gracia de Dios debe aumentar la necesidad en nuestras vidas de vivir en santidad. Dios nos advierte en su palabra: "No recibáis en vano la gracia de Dios" (2 Corintios 6:1).

Puntos importantes para recordar…

Sigue La Gracia y La Verdad

1. Toma la decisión en tu vida de seguir la Gracia de Dios.
2. No dejes que las circunstancias moldeen tu vida.
3. Es tan importante que tengas amigos en el ministerio.
4. La relación de amigos no es algo que nace, sino se hace.
5. Ama el amigo en todo tiempo.
6. El conocimiento que le das a tu amigo sobre tu vida lo sacará de ser un conocido o siervo a ser verdaderamente un amigo.

Oración

Señor, gracias por darme tu palabra. Tú me revelas cada día quién eres en mi vida. Tú eres mi mejor amigo. Guíame a personas que tengan tu corazón, con quien pueda compartir mi visión, sueños, e inquietudes. En el Nombre de Jesús. Amén.

Capítulo 6

LOS JOVENES SON USADOS POR DIOS

"Comparte el Evangelio. De acuerdo a la Biblia, es el privilegio de cada creyente el compartir el Evangelio. Si entendemos lo que se aproxima para aquellos que no conocen a Cristo, debemos de testificar con un sentido de urgencia." David Jeremiah

"Donde quiera que un hombre mira hay alquien que lo necessita." Albert Schweitzer

"Hay muchos que estan dispuestos hacer grandes cosas para El Señor pero hay pocos dispuestos hacer cosas pequeñas." D.L. Moody

"En lo que requiere diligencia, no perezosos; fervientes en espíritu, sirviendo al Señor". Romanos 12:11

Si en algún tiempo hubo una urgencia de levantarnos a predicar el evangelio es hoy. Estamos viendo menos personas entregando sus vidas al servicio del Señor:

- Personas que nacieron entre1927-1945:   65% creyentes evangélicos
- Personas que nacieron entre1946-1964:   35% creyentes evangélicos
- Personas que nacieron entre1965-1983:   16% creyentes evangélicos

- Personas que nacieron entre1984-al presente: 4% creyentes evangélicos

Si estas proyecciones siguen como están, en 20 años habrá menos de 1% de creyentes. Cada uno de nosotros tenemos que abrir los ojos y ver la urgencia. Tenemos que mantenernos cerca de la urgencia. Cuando nos mantenemos cerca de la urgencia vamos a sentir la necesidad de obrar. La urgencia demanda una respuesta. Si ves a una persona ahogándose en el mar vas a reaccionar y vas a tratar de salvar esa vida. Números capítulo 16 narra la historia de cuando Coré se rebeló contra Moisés. Coré, Datán y Abiram eran tres levitas ambiciosos que manipularon el pueblo para obtener más poder. Dios mandó una mortandad sobre ellos y sobre el pueblo de Israel que apoyaron a Coré. Te puedes imaginar si tu hubieras sido Moisés, ver la gente cayendo muertas a tu alrededor. La Biblia dice que fueron 14 mil personas las que murieron. Lo más que a mí me impactó fue cuando Aarón el hermano de Moisés se puso entre los muertos y los vivos; y cesó la mortandad. Donde se paró Aarón cesó la muerte. Que revelación tan profunda de Cristo y de la obra intercesora de la iglesia. Él nos llama a que en nuestras escuelas, trabajos, comunidad, e Iglesias nos paremos en la brecha. No podemos ser espectadores e ignorar que hay muchos muriendo a nuestro alrededor. Tenemos que movernos hacer nuestra parte, predicar este glorioso Evangelio de Gracia, Verdad y Reino.

En los 1700's, había un joven abogado conocido por el nombre de William Wilberforce que vio los abusos que ocurrían en las embarcaciones de esclavos y éste tomó la decisión de no dejar que aquellas injusticias continuaran. Cuando era apenas un joven vio ingleses invadir la costa Africana del Golfo de Guinea, capturaban entre 35,000 a 50,000 africanos al año, los embarcaban por el Atlántico y los vendían como esclavos. La venta de esclavos era un negocio lucroso.

En el 1780 Wilberforce fue electo al Parlamento. Los primeros años él mismo admitió que no hizo nada, pero fue persistente y su visión de terminar con la esclavitud dio frutos en el 1807 cuando el Parlamento abolió la esclavitud. Él no vio los frutos de su trabajo hasta después de 27 años que comenzó a luchar por la abolición de esclavitud. Fue persistente aun cuando su petición al parlamento fue derrotada en el 1791, 1792, 1793, 1797, 1798,1799, 1804, y 1805. Tú también puedes ser usado por Dios, así como lo fue William Wilberforce.

Hay algunos principios que yo he utilizado en mi vida que quiero compartir contigo:

1. *Comienza encontrando un propósito.* ¿Cuál es la causa? ¿Cuál es el objetivo de lo que estás haciendo? Analiza todo lo que con llevará cumplir con esa misión.

2. *Debes ser consistente.* si lo haces o tratas una sola vez no va a importar tanto. Es solo cuando te enfocas en hacer esa misma tarea una y otra vez que ves los resultados.

3. *Haz tu mejor esfuerzo.* nunca te des por vencido. Siempre hay una solución al problema. Todos los días ten una actitud de darle tu todo al asunto.

4. *Infórmate.* escucha a otros que también están envueltos, aprende, estudia sobre el asunto. Conocimiento es poder.

5. *Planifica.* las cosas no solo ocurren. Tienes que trabajar fuerte. Toma control de la situación y no dejes que la situación te controle a ti. La única forma es trazando estrategias para llegar a las metas que Dios trazó para ti.

6 Persigue. ahora que tienes la visión clara y las estrategias a seguir, mantén tu curso hasta que llegues. Van a ver tiempos donde vas a tener que correr rápido y otros momentos vas a tener que correr al paso. Pero mantén tu enfoque. En el libro de los Hechos, en el capítulo 5:6, dice:

"Y levantándose los jóvenes, lo envolvieron, y sacándolo, lo sepultaron".

Yo sé que el Señor quiere usar a ministros jóvenes para sacar cosas muertas que no están sirviendo para el progreso del evangelio fuera de los altares. Creo que podemos decir con toda certeza que Dios no bendice cosas muertas. El profeta Joel declaró esta promesa en el versículo 2:28:

"Y después de esto derramaré mi Espíritu sobre toda carne, y profetizarán vuestros hijos y vuestras hijas, vuestros ancianos soñarán sueños y vuestros jóvenes verán visiones".

La pregunta es: ¿después de qué es que Dios va a derramar su Espíritu? En el verso 2:12-13, la contestación se encuentra. Dice: "Rasgad vuestro corazón, y no vuestros vestidos y convertíos a Jehová vuestro Dios". Cuando hay un arrepentimiento, ocurren cambios en la vida de uno. Un paradigma significa un patrón, y con este arrepentimiento habrá cambios en el patrón que antes llevábamos. Un joven al que Dios ha cambiado y está en la mano de Dios, será usado por Dios. A veces recibimos visión de parte de Dios que a otros les parece difícil de realizar porque Dios te la dio a ti y no a ellos. Imagínate estando en una iglesia donde un joven le diga a su pastor que él siente un llamado de parte de Dios. El le dice: Siento la carga misionera en mi corazón. El pastor le responde con la fraseología que estamos acostumbrados a escuchar: Primero debes ser misionero a tu vecino, y después a las naciones. Hay mucha verdad en esa declaración, pero acabó de desanimar a ese joven.

Me recuerdo que hace años atrás, cuando prediqué en un avivamiento en una iglesia en Florida, un joven se me acercó y me dijo: "Voy a comenzar una agrupación, y el Señor me llamó para viajar y cantar con el mensaje de Dios a las naciones". Yo pensé que eso probablemente no ocurriría de la noche a la mañana, pero le animé, diciéndole: Sigue siendo fiel al Señor, y no hay nada imposible. Hoy en día, ese joven tiene dos producciones, y está cantando con el mensaje de Jesucristo.

Yo creo que Dios pone figuras de padres espirituales (mentores) para animar al joven ministro. Pastores, evangelistas, misioneros, cantantes, y otros ministros deben de tomar bien en serio lo que Dios está poniendo en el corazón de un joven ministro. Las ideas a veces van a ser radicales, quizás no le gusta la música que escuchan, o la forma que visten, pero ¿quiénes somos nosotros para decir que Dios no le llamó ni le puede usar?

Nuestra responsabilidad como padres, obreros, o amigos es orar por sus llamados. Jesús oró por sus discípulos en Juan 17:11 para que el Padre los guardará y que fuesen uno. El versículo 17 dice: "Santifícalos en tu verdad". Ana oró por un hijo, y Dios usó ese niño. Si nosotros presentamos los ministros jóvenes y pedimos que Dios los guarde y los santifique, ellos tendrán grandes logros en sus vidas.

Samuel

La Biblia dice en 1Samuel 3:1 estas palabras acerca de Samuel: "El joven Samuel ministraba a Jehová en presencia de Elí, y la palabra de Jehová escaseaba en aquellos días; no había visión con frecuencia".

La visión que Dios le da al hombre es una inspiración del Espíritu Santo. Cuando uno recibe una visión, debe ser en forma clara. Desde el principio de la creación, Adán recibió la visión de la procreación y el dominio sobre todo lo que se encontraba en los cielos y en la tierra. Cuando él se despertaba por la mañana entendía cual era su trabajo. Noé entendió que él tenía que construir un arca porque venía un diluvio. Primero, predicó para que se arrepintiese el pueblo y después recibió las medidas específicas para que cada detalle fuese perfecto. José recibió la visión que él iba estar en posición para bendecir a sus hermanos y su padre a través de un sueño. ¿Cuál es tu visión? Si no está clara, haz lo que hizo Samuel. Él ministraba a Jehová. Cuando estés bajo la influencia y el poder irresistible del Espíritu Santo, vendrá la visión. Es promesa de Dios a través del profeta Joel.

Cuando Él derrame de su Espíritu, los jóvenes verán visiones. Muchas veces, nos encontramos sin revelación nueva de la Palabra porque nos encontramos adormecidos por las presiones o las rutinas de la vida. Para recibir esa visión, necesitas despertar de tu sueño. Efesios 5:14-17 dice: "Despiértate, tu que duermes, y levántate de los muertos, y te alumbrará Cristo. Mirad, pues, con diligencia como andéis, no como necios sino como sabios, aprovechando bien el tiempo porque los días son malos. Por tanto, no seáis insensatos, sino entendidos de cual sea la voluntad del Señor".

La palabra entendido es clave. Viene de entender, que es tener una idea clara de las cosas. Una persona que no se da por entendido es una persona que se hace el sordo. El Espíritu Santo nos da a entender a través de las Escrituras que aquel que no tiene una visión clara de su llamado se está haciendo el sordo. Hay una generación que se está perdiendo porque nos estamos haciendo los sordos a la voz del Señor. Hay interferencias que no te dejan escuchar su voz o no te deja entender. ¿Qué esperas? Entra en la presencia del Señor. El término bíblico visión, se deriva del hebreo, "Haza o rao"; son las palabras usadas para el término imaginar. Si lo puedes ver lo puedes recibir. Walt Disney World comenzó con la imaginación de un hombre - ¡éste pudo verlo tan claramente! Por causa de esta claridad, él pudo presentar su visión a los bancos de una manera que le permitió lograr financiamiento. Si tú puedes imaginarlo hasta el punto que puedes verlo, te vas a mover con pasos seguros. Esa visión será respaldada por Dios. Isaías 55:11 dice: "Así será mi palabra que sale de mi boca; no volverá a mí vacía, sino hará lo que yo quiero, y será prosperada en aquello para que la envíe."

Números 23:19 dice: "Dios no es hombre para que mienta, ni hijo de hombre para que se arrepienta". Él dijo: ¿No hará? Habló, ¿y no lo ejecutará? Acuérdate, joven, que la visión que tienes, Él te la está dando, no el hombre; no son cosas tuyas, es Dios. Cuando Dios llamó a Samuel lo despertó de su sueño en tres ocasiones. Las primeras dos veces que Samuel oyó la voz de Dios, él no reconocía que era la voz del Señor. Él pensaba que era la voz de Elí. No es el hombre, es Dios.

La segunda revelación que debes recibir en tu vida después de la salvación, es acerca de la grandeza de Dios. El Dios al que tú le sirves es grande. Habacuc tuvo una visión del Dios vivo y dijo en el capítulo 3 de Habacuc, versículo 3: "Su gloria cubrió los cielos, y la tierra se llenó de su alabanza".

Y cuando recibes esa revelación, todo lo demás – tus éxitos, tus derrotas, y tus luchas se convierten en cosas secundarias. El versículo 17 dice: "Aunque la higuera no florezca, ni en las vides haya frutos, aunque falte el producto del olivo, y los labrados no den mantenimiento, y las ovejas sean quitadas de la majada, y no haya vacas en los corrales; con todo yo me alegraré en Jehová, y me gozaré en el Dios de mi salvación. Jehová el Señor es mi fortaleza, el cual hace mis pies como de siervas, y en mis alturas me hace andar".

Yo reconozco que Dios me llamó, me está dando una visión clara, y no hay nada imposible para Dios. No importa cuán difícil se vea. Algo que me llama la atención es que Elí reconoció en la tercera ocasión que esa era la voz del Señor. Quiero hablarle a los Elí que a veces toman tiempo para algunos jóvenes, para alistarlos en los llamados del Señor.

Si vienen a ti, no los mandes a dormir. Recíbelos – Dios es un Dios de oportunidades. Lo que me gusta de Elí es que reconoció el llamado de Dios en la vida de Samuel. Cuando Dios le habló a Samuel, era un mensaje para Elí. Él no rechazó el mensaje, que le dio, ni tampoco pensó que Samuel era muy joven para entender los principios acerca del ministerio y la vida. El reconoció que Samuel era un joven que tenía palabra del Señor y el Espíritu Santo le estaba usando para darle un mensaje a él. ¿Y tú reconoces a los jóvenes que son llamados ó los estás dejando dormir? En Oseas 4:6, el profeta dice: "Mi pueblo fue destruido porque le faltó conocimiento". Samuel tuvo problemas hablándole a Elí acerca del mensaje, porque era fuerte. Quizás Samuel pensó: ¿Quién soy yo?, siendo joven, ¿podré hablar con esa autoridad? Quiero que sepas, joven ministro, que lo que el Señor te dé, dilo con autoridad. Sin revelación de Su Palabra, sin visión, el pueblo y el individuo pierden y seguirán perdiendo territorio hasta que el mensaje que Dios te dio sea compartido.

En 1 Samuel 3:19, dice: Y Samuel creció, y Jehová estaba con él, y no dejó caer a tierra ninguna de sus palabras. Él no dejará una sola palabra caer a tierra. Samuel llegó a ungir el primer rey de Israel, Saúl. Y después, ungió al Rey David. Tú y yo no sabemos hasta donde pueda llegar la visión, pero Dios sí lo sabe.

Dios ha repartido dones para sus hijos, y Él nos equipa por medio de los dones espirituales. Examinemos tres pasajes Bíblicos que hablan de los Dones del Espíritu:

1. *En Efesios 4, Pablo escribe sobre los dones que representan los ministerios de la iglesia (v. 11).* El Espíritu Santo manifiesta estas capacidades en sus escogidos. Él espera que lo usemos para "capacitar al pueblo de Dios para la obra de servicio, para edificar el cuerpo de Cristo" (v. 12 NVI).

2. *En 1 Corintios 12, los Dones del Espíritu son vistos en relación con su funcionamiento* —el Espíritu de Dios da esas capacidades para bendecir el cuerpo de Cristo. El Señor tiene un propósito en mente con tus Dones, al no ser usados con ese propósito a tu iglesia le faltará algo. Dios te da un don para que lo uses para el beneficio de tu iglesia y debe ser usado en tu comunidad, con tus hermanos en la fe hermanos y amigos, y para reino.

3. *Por último, en Romanos 12, Pablo habla de cómo, nosotros los cristianos, debemos de usar sus dones.* Por ejemplo, quienes tengan el don de dar, deben hacerlo con generosidad. Si uno ha recibido el don de la misericordia, debe dispensarla gozosamente. Y el liderazgo debe ejercerse con diligencia (v. 8). La familia de Dios se beneficia no solamente de los dones, sino también de la manera que son utilizados.

Si queremos ser usados por Dios debemos identificar cuáles son los dones espirituales que Él nos dio. Encontramos la motivación y la confianza para servir cuando los usamos. ¿Sabe usted cuáles son sus dones? Si no, aquí incluyo una lista de los Dones del Espíritu:

(Romanos 12:6-8,13) menciona los siguientes:

1. Profecía
2. Exhortación
3. Misericordia
4. Servicio

5. Dar (Repartir)
6. Hospitalidad
7. Enseñanza
8. Liderazgo (Presidir)

   (1 Corintios 12:8-10,28) Meciona los siquientos:

9. Sabiduría
10. Lenguas
11. Conocimiento (Ciencia)
12. Interpretación
13. Fe
14. Apóstol
15. Sanidades
16. Ayuda
17. Milagros
18. Administración
19. Discernimiento de espíritus (Efesios 4:11)
20. Evangelista Pastor En otros pasajes
21. Celibato (1 Corintios 7:9)
22. Pobreza voluntaria (1 Corintios 13:3)
23. Martirio (1 Corintios 13:3)
24. Intercesión (Santiago 5:17 y 18)
25. Reprender demonios (Hechos 16:16-18)

Cuando Dios me llamó, yo identifique que mi llamado era el pastorado. Al comenzar a ejercer ese llamado, pude ver que Dios me usaba también con otros dones. Por ejemplo, pude usar el don de liderazgo, misericordia, servicio, enseñanza, sanidad, fe, conocimiento, sabiduría y más. Así que vas a poder ver otros dones operando entre los dones del ministerio de la iglesia como el pastorado, evangelista, maestro(a) y otros. Lo importante que entiendas es que Dios te dio un don, tú tienes dones, y que puedes ser usado por Dios.

Puntos importantes para recordar...

Los Jovenes son Usados por Dios

1. La urgencia demanda una repuesta de cada uno de nosotros.
2. Comienza encontrando propósito.
3. Sigue siendo fiel al Señor y no habrá nada imposible.
4. Nuestra responsabilidad como padres, obreros, o amigos es orar por sus llamados.
5. Cuando estés bajo la influencia y poder del Espíritu Santo, vendrá el entendimiento sobre la visión.
6. El que no tiene una visión clara de su llamado, se está haciendo el sordo.
7. Si lo puedes ver, también lo puedes recibir.
8. Reconoce que Dios te llamó, te está dando entendimiento sobre la visión, y que no hay nada imposible para Dios.
9. Si vienen a ti, no los mandes a dormir ¡Recíbelos! Dios es un Dios de oportunidades.
10. Lo que El Señor te mande a decir, dilo con autoridad.

Oración

Dios, heme aquí envíame a mí. Estoy dispuesto a cumplir con tu perfecta voluntad para mi vida. Yo creo con todo mi corazón que me puedes usar. Pon el querer como el hacer por tu buena voluntad. Todo es para ti. En tu Nombre Jesús iré. Amén.

Capítulo 7

LA UNCION CAMBIARA TU VIDA

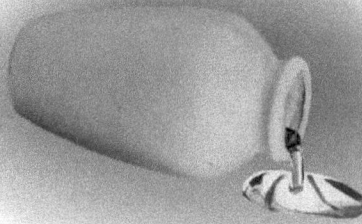

"Dios no simplemente nos da su Espíritu, Él pone de su Espíritu dentro de nosotros. No sólo a nosotros, pero por el acto de lo que llamamos impartición íntima su Espíritu reside dentro para animar, dar energía, y habilitar. El Espíritu no solo está aquí, está adentro."- Sam Storm

"Yo quiero que tu entiendas: La presencia de Dios, El Espíritu Santo dirige a la unción del Espíritu, que es el poder de Dios, y el poder de Dios trae la unción de su presencia." – Benny Hinn

"Pero la unción que vosotros recibisteis de él permanece en vosotros, y no tenéis necesidad de que nadie os enseñe; así como la unción misma os enseña todas las cosas, y es verdadera, y no es mentira, según ella os ha enseñado, permaneced en él." 1 Juan 2:27

"Y el que nos confirma con vosotros en Cristo, y el que nos ungió, es Dios." 2 Corintios 1:21

Robert William Kearns (Marzo 10, 1927 – Febrero 9, 2005) fue un inventor. Él inventó el limpiaparabrisas intermitente de cristal. Él le puso una patente a su invención en Diciembre 1, 1964. Se lo presentó a dos grandes corporaciones de carro Ford y Chrysler. Ninguno compró su invención, pero comenzaron a instalar wipers en sus carros. Kearn podía haberse dado por vencido y dejar que las grandes compañías tomaran la idea que él tuvo sin darle a él ningún crédito. Pero Kearns fue persistente. El pudo aceptar que iba a vivir bajo la condición que él estaba por el resto de su vida; pudo haber dejado que el miedo tomara control de él, pero el decidió tomar posesión de lo que Dios le había dado a él. El caso contra Ford se vio en el 1990 y Kearns ganó 10.1 millones de dólares y 1992 el caso contra Chrysler se vio y Kearns gano 30 millones de dólares. Si él no hubiera usado lo que Dios le dio y luchado contra su gigante no hubiera obtenido su victoria. Nos podemos quedar en la primera fase de lo que Dios quiere hacer a través de nosotros o podemos pelear la batalla que nos corresponde y ganar todo lo que nos corresponde. Comienza con cuidar lo que Dios te dio. Esa idea que Él puso en tu corazón y cuídate de toda distracción. Cada etapa es importante.

El momento que Dios te pone como pastor de ovejas es importante. Quizás dices: Mi llamado no es ser pastor de iglesia. Yo no estoy hablando acerca de eso. ¿Qué es una oveja? Una oveja representa provisión, porque de la oveja se usaba la lana y la piel para el hombre cubrirse, y también se usaba la oveja como una forma de alimento. Hay tiempos en la vida del joven ministro que él nos pone a pastorear el llamado que es la provisión y el cubrimiento de nuestras vidas. En la Biblia, hombres con grandes llamados incluyen Abraham, Moisés, Amos, y aún David, cuyo fueron pastores de ovejas. El primero de todo fue Abel. Éste fue el hijo de Adán, y se encuentra en Génesis 4:2. Te acordarás que al Señor le agradaron los sacrificios que traía Abel porque los traía en obediencia. A Dios le agradan los sacrificios que estás haciendo; le agrada tu obediencia. Le agrada también que mientras esperas, estés velando y cuidando el llamado de Dios.

El trabajo de un pastor no era fácil. Jacob le dijo a Labán en Génesis 31:40 estas palabras: "De día me consume el calor, y de noche la helada, y el sueño huía de mis ojos". Como pastor, él velaba por las ovejas día y noche. Les llevaba a los ríos de agua y aún tocaba flautas de noche para traerles paz y tranquilidad a las ovejas. En Juan 10:11, Jesús dijo: "Yo soy el buen pastor; el buen pastor, su vida da por las ovejas". Jesús miraba a las ovejas como almas, las cuales necesitaban de su protección y cuidado. Somos ovejas entre lobos, quienes necesitan la dirección del Buen Pastor. En el Salmo 23:1, David mismo dice: "Jehová es mi pastor, nada me faltará". Él miraba que así como él guiaba a las ovejas a los delicados pastos y a las aguas de reposo, así Jehová lo estaba guiando a él. Mientras esperas, sigue alimentándote de esos pastos verdes que llenan el alma de Su Palabra, y bebiendo de esas aguas de reposo, cada día buscando a estar más cerca de él.

David

Llegará un día en la cual el aceite será derramado sobre tu vida. Y cuando ese día llegue, puertas se abrirán. Recuerda como ya establecimos en otros capítulos que quizás no son puertas que te llevarán a miles, pero serán puertas que te llevarán a la voluntad de Dios para tu vida.

David era uno entre siete hermanos. Cualquiera de los siete tenía una figura de guerrero y de rey. Isaí hizo pasar los siete hijos delante de Samuel en 1 Samuel 16:10, pero ninguno era quien iba a ser el próximo rey de Israel. En el verso 7 dice: "Jehová respondió a Samuel: No mires su parecer, ni a lo grande de su estatura, porque yo lo deshecho; porque Jehová no mira lo que mira el hombre, pues el hombre mira lo que está delante de sus ojos, pero Jehová mira el corazón".

Dios deshecha las apariencias. No podemos aparentar ser ministros, ¡vestirnos como predicadores, cantantes, músicos! En el mundo hay oradores motivacionales que tienen buena fraseología y cantantes talentosos, pero no son reconocidos por Dios. La unción viene sobre nuestras vidas cuando nuestros corazones están bien con Él. Nuestra manera de hablar, nuestras relaciones familiares, con amigos, hermanos,

esposas o esposos, o nuestras relaciones con nuestros hijos son agradables al Señor cuando somos celosos con lo que vemos con nuestros ojos y con lo que oímos en nuestras vidas.

La razón por la que Jehová escogió a David fue porque David era un joven según Su corazón. Él lo había escogido desde la eternidad para que llegase a ser Rey. A través del profeta Samuel, en 1 Samuel 13:14, Dios dijo: "Mas ahora, tu reino no será duradero. Jehová se ha buscado un varón conforme a Su corazón… Él se lo dijo a Saúl, y nosotros entendemos que ese varón conforme a Su corazón era David." ¡Qué bueno que Él mira el corazón, que Él mismo predestinó darnos! (Ezequiel 36:26)

Gracias, Señor, por escoger a un joven de 5'8" de estatura, un muchacho que viene de una pequeña isla, el cual tuvo que pasar por pastorado de ovejas para escribir estas palabras.

En 1 Corintios 1:25, la Biblia dice: "Porque lo insensato de Dios es más sabio que los hombres, y lo débil de Dios es más fuerte que los hombres." Él no te escogió porque eras sabio, por tus buenas notas en la universidad, ni por tus talentos, ya que todo eso Él te lo dio. Él te escogió por su soberana gracia.

David a fue ungido con aceite tres veces. Una vez fue por el profeta Samuel (1 Samuel 16:11-13), la segunda vez fue ungido como rey de Judá después de la muerte de Saúl (2 Samuel 2:1-4) y la tercera vez fue ungido para ser rey sobre Israel. Cada vez que David fue ungido, realizó cosas extraordinarias en su vida.

La unción se refiere al acto de ungir. El ungimiento es el nombre dado a la costumbre de aplicar aceite o aceite perfumado sobre personas y cosas. Era común ungir a Reyes y Sacerdotes. La primera vez que la Biblia hace mención de ungimiento es en el libro de Génesis 31:13 donde Jacob unge la piedra conmemorando el lugar donde tuvo el sueño y vio el reino de Dios. En el libro de Éxodo, Levítico, y Números entregan instrucciones detalladas para ungir el Tabernáculo, sus utensilios y a Aarón y a sus hijos. En esta forma ellos eran separados. Habiendo sido santificados no debían contaminarse a sí mismos con los muertos o en ninguna otra forma. Hay muchas personas que tienen talentos y dones pero no los usan a favor del evangelio. Cuantos cantantes no hay en el mundo que cantan para su propia gloria, resultando esto en una vanagloria.

Los talentos son regalos de Dios y la Biblia afirma que son irrevocables. Pero la unción tiene que ver con el poder que Dios pone en nuestra vida para realizar y cumplir una función.

En 1 Samuel 16:13 dice: "Y Samuel, tomó el cuerno de aceite, y lo ungió en medio de sus hermanos; y desde aquel día en adelante, el Espíritu de Jehová vino sobre David."

Primero, él que exalta a Dios en privado, Dios lo exaltará en público. David fue ungido en medio de sus hermanos. Cuando tú comienzas a predicar, cantar, enseñar, ó a servir en cualquiera que sea el llamado específico que Dios te dio, el aceite de la unción de Dios va a ser derramado sobre tu vida.

Salmo 23:5 dice: ... "Unges mi cabeza con aceite; mi copa está rebosando".

Ese aceite saltará sobre otros, y ellos también sentirán la presencia de Dios. En el Antiguo Testamento, sólo el sacerdote y los reyes eran ungidos. Cada vez que un sacerdote era ungido, era para llevar a cabo su función sacerdotal de interceder por el pueblo, y para equiparlo a ser la voz de Dios al pueblo. Y el rey, de igual manera era ungido para llevar a cabo una misión específica.

David, cuando fue ungido, tuvo la función de derrotar gigantes. En otras palabras, la unción del Rey David era para derrotar grandes enemigos para salvar a Israel. El primer gigante al cual él se tuvo que enfrentar se llamaba Goliat. Goliat fue un Filisteo, era descendiente de Gat. Y por 40 días, aterrorizó a los Israelitas. Nota lo significativo que resulta esos 40 días bíblicamente. Israel estuvo 40 años en el desierto antes de tomar posesión de Canaán, la tierra prometida. Jesús fue llevado por el Espíritu Santo al desierto por 40 días y durante esos días Él sufrió las asechanzas del enemigo.

El pueblo de Israel y su ejército se dejó dominar por el miedo. Uno de los gigantes espirituales que el joven ministro tiene que vencer es el miedo. El miedo de no saber lo que le espera en el desierto.

Cuando comencé la obra en Ocoee, Florida, tenía apenas 23 años de edad. Tuve que vender todo lo que yo tenía, mi esposa estaba encinta con Ricardo Esteban, y me mudé a un lugar desconocido. Mi padre fundó 3 iglesias en lugares desconocidos, y tuve que lidiar con nuevos retos, conocer a nuevos amigos, aprender nuevos sistemas, etc. Tenía miedo de mudarme a un nuevo lugar y no saber lo que me esperaba y como iba a reaccionar mi familia. Pablo le dijo a Timoteo: "Porque no nos ha dado Dios espíritu de cobardía, sino de poder, de amor y de dominio propio". (2 Timoteo 1:7).

Thomas Dewey el gobernador numero 47 de Nueva York dijo, "El miedo te quita el sueño por la noche, pero la fe es una buena almohada." No dejes que el miedo atrase lo que el Señor está poniendo en tu corazón hacer. Cuando el Señor te unge con aceite, también te da el poder para vencer el impulso de las emociones y los pensamientos de miedo.

Goliat medía 10 pies de altura, pero David se enfrentó a él. En 1Samuel 17:45, dice: "Mas yo vengo contra ti en el nombre de Jehová de los ejércitos".

Cuando el miedo trata de dominarme, yo simplemente digo: Yo vengo contra ti en el nombre de Jesucristo. Me imagino el rostro de Goliat cuando David dijo: ¡Jehová te entregará hoy, en este momento, en mis manos!

Bajo esa unción David y sus valientes derrotaron otros cuatro gigantes. (2 Samuel 21:15-22) nos da sus nombres: Isbi-benob, Saf, Goliat Geteo, el hermano de Goliat, y el tercero también era el descendiente de Gat pero no lo nombran.

Hay otros gigantes que el joven ministro está ungido para vencer. La victoria de estos gigantes solo pueden venir bajo la unción del Espíritu Santo. El orgullo es otro gigante con el cual muchos jóvenes se tienen que enfrentar. El orgullo se puede definir como autoestima desproporcionada e irracional. A veces el orgullo de una persona puede llevarla a tratar a otras personas rudamente. El orgullo te llena de ansiedad por ganar aplausos, te hace sentir bien. El orgullo te hace sentir superior a los demás. La Biblia comparte muchas Escrituras acerca del orgullo:

Jeremías 49:16 dice: "Tu arrogancia te engañó, y la sabiduría de tu corazón... el orgullo engaña el corazón".

Daniel 5:20 dice: "Mas cuando su corazón se ensoberbeció, y su espíritu se endureció en su orgullo...", el orgullo endurece la mente.

Proverbios 13:10 dice: "Ciertamente la soberbia concebirá contienda...", el orgullo en tu vida causa contienda.

Salmo 73:6 dice: "Por tanto la soberbia los corona...", el orgullo es una atadura. Proverbios 16:18 dice: "Y antes de la caída la altivez de espíritu...", el orgullo destruye tu vida.

Me gusta la historia cuando David estuvo en Belén en un lugar fuerte. (2 Samuel 23:14-17) la narrativa dice que David tenía sed y declaró en el versículo 15: "¡Quién me diera a beber del agua del pozo de Belén que está junto a la puerta!" Tres de los valientes arriesgaron sus vidas para traerle agua. Cuando David se dio cuenta de que esos diez valientes podrían morir por darle un vaso de agua, él no la quiso, sino que la derramó en la tierra para Jehová. Él reconoció que no era digno de que los hombres perdieran sus vidas por él. 2 Samuel 23:17 dice: "Lejos sea de mí, Oh Jehová, que yo haga esto. ¿He de beber la sangre de los varones...?"

Yo he visto muchos movimientos que para mí han llegado a ciertos extremos, que ya no glorifican a Dios, sino a los hombres. La respuesta de muchos es que ellos lo hacen por el amor. Los tres valientes amaban a David, pero David reconoció que hay honras y homenajes que solo le pertenecen a Dios.

Joven ministro, el Espíritu Santo te ungió para vencer todo orgullo que trate de dominar tu vida. Yo estoy seguro que muchos desean servirte por amor. Pero ten cuidado de no llegar a un extremo. Enséñale a tu equipo dónde te pueden ayudar y cómo.

También déjale saber que la gloria le pertenece a Dios y que la unción que está sobre ti te la dio el Espíritu Santo, pero que tú eres otra persona más que Dios le place usar. Creo que hay personas que son tocadas por el ministerio que Dios nos da y está bien si quieren sembrar de su tiempo o aun de sus finanzas, pero establece parámetros de hasta dónde ellos pueden llegar, para que la gloria le sea dada completamente a Dios.

Otro gigante que vas a enfrentar es lo que Pablo clasifica como las pasiones juveniles. En 2 Timoteo 2:22 dice: "Huye también de las pasiones juveniles". Pablo implica que las pasiones juveniles tienen que ver con la impaciencia, la violencia, la tendencia a discutir, el afán por las novedades, y también las tentaciones sexuales.
Cuando soy impaciente, tiendo a tratar de hacer las cosas con mis propias fuerzas. Quiero abrir puertas o mejor dicho, empujarlas. En los juegos finales del campeonato del NBA del año 2007, estaban jugando los Cavaliers contra los Spurs. Cada vez que Lebron James trataba de esforzar puntos y tiraba la bola, fallaba. Pero cuando él no esforzaba en el asunto, tiraba la bola con poca dificultad.

El problema con ser impaciente es que pierdes la perspectiva de Dios. Si esperas al tiempo de la comida, Él te dará la porción completa, pero sino, tendrás que comer migajas o porciones medidas. En Hebreos 6:12 lo explica: "Por la fe y la paciencia, heredan las promesas".

Hay ocasiones en las que el joven ministro desea imponer lo que él quiere. Esto tiende a propiciar momentos de entrar en discusiones. Santiago 4:1 hace estas preguntas: "¿De dónde vienen las guerras y los pleitos entre vosotros? ¿No es de vuestras pasiones, las cuales combaten en vuestros miembros?"

Santiago habla bajo la inspiración del Espíritu Santo, y descubre la razón por la cual nosotros tenemos pleitos y es porque nos dejamos llevar por nuestras propias pasiones. Pensamos solo en lo que yo quiero o como a mí me gusta. Pablo exhorta a su hijo espiritual en 2 Timoteo 2:23 de la siguiente manera: "Yo te insto…desecha las cuestiones necias e insensatas, sabiendo que engendran contiendas". Hay asuntos que no tienen que ver con el avance del reino ni del ministerio que Dios te dio. Debes de dar oportunidad a que tu equipo aporte también sus opiniones. Debes entender que la paciencia personal te llevará a evitar contiendas, esperar el momento adecuado para aplicar ciertos aspectos de la visión, y también eso les dará oportunidad a otros a desarrollar sus talentos. La paciencia y la mansedumbre son frutos del Espíritu. Al momento en que sientas el impulso de esforzar algún asunto pide paciencia de parte del Espíritu Santo.

Otro gigante es el amor a las novedades de la vida. ¿A quién no le gusta tener cosas buenas y lo último en tecnología? No lo niegues. Las "corvetas" se ven bien bonitas. El sueño americano se basa en la filosofía de tener más. Este es parte del sistema de este mundo. Mas la Biblia enseña que aprendamos a contentarnos con lo que tenemos. Es bien fácil envolverse en la filosofía de tener más. El problema es que a veces no tienes el medio económico para tener más. Te metes en deudas tales como; tarjetas de crédito, carros con altos pagareses mensuales y te conviertes en esclavo de estas deudas.

He visto jóvenes ministros con grandes sueños, pero tienen que ponerlos en receso para conseguirse a veces más de un trabajo para pagar sus deudas. ¿Dónde queda el tiempo de ayunar, orar, y desarrollar visión si constantemente estás viviendo para pagar una deuda en la cual te metiste sabiendo que no tenías el presupuesto para hacerlo? El joven ministro debe de despojarse de esta carga para poder estar libre para continuar desarrollando la misión que Dios le encomendó.

Quiero compartir dos parábolas que expresó Jesús referente a este tema. Se encuentran en Lucas 12:13-21. Dos hermanos se acercan a Jesús y le piden que Él sea juez sobre su herencia. ¿Cuál de los hermanos iba a obtener una mayor cantidad de la herencia? Jesús le contesta: "Mirad y guardaos de toda avaricia…" (Lucas 12:15). La palabra avaricia se define como un deseo o afán desordenado de tener cosas. Este es un gigante fuerte para derrotar. No puedes permitir que el deseo de tener cosas sobrepase tus deseos de cumplir tu misión. Jesús le hizo entender a estos dos hermanos que al final de su vida terrenal, no habría ganancias financieras o cosas que se podrían llevar con ellos.

El rey Salomón llegó a la misma conclusión cuando dijo en su libro que todo es vanidad. El hombre, al fin y al cabo, nunca se acordará de cuánto tienes, sino de cuánto diste. Nadie se acordará de tus invenciones o de la puntuación que sacaste en un examen o de tu IQ. De lo que se acordarán es de la nota que sacaste en tu estilo de vida, de la mano que extendiste al necesitado.

La avaricia te convierte en una persona egocentrista y poco a poco comenzarás a pensar menos en las necesidades de tus semejantes y te ocuparás más en cumplir con tus antojos personales. Esta no es una buena calidad de vida para el joven ministro.

El amor a las novedades nos pone freno en la misión que Dios nos da. Lucas 18:18 nos da un ejemplo en la parábola del joven rico. En esta parábola un hombre Judío, principal de alta clase, vino a Jesús y le hizo la pregunta, ¿Qué haré para heredar la vida eterna? Jesús le dice que él debe de seguir todos los mandamientos, el joven dijo: "yo lo he hecho desde mi juventud".

Jesús terminó diciéndole: "aún te falta una cosa, vende todo lo que tienes, y dalo a los pobres, y tendrás tesoros en el cielo." (Lucas 18:22). Jesús le dijo en otras palabras, si quieres ser mi discípulo debes de dejar todo y seguirme. La Biblia dice que el joven se fue muy triste porque tenía muchas posesiones. El amor a las novedades que él tenía le hizo tomar la decisión incorrecta en su vida.

Yo he encontrado jóvenes con sueños que quieren llegar a realizar, pero no están dispuestos a pagar el precio para lograrlo. Vas a tener que invertir tiempo, dinero, y dejar de adquirir ciertas novedades que no están a tu alcance para poder mantenerte flexible y poder cumplir con tu propósito de existencia. ¿Qué prefieres tener tesoros en la tierra o tesoros en el cielo?

Yo oro para que Dios abra tus ojos y te de la visión de que es mejor trabajar en colaboración con el Señor y tener tesoros en el cielo que todas las novedades que podamos tener aquí en la tierra.

Observa el siguiente ejemplo:

David mandó a realizar un censo nacional porque él quería ver cuánto tesoro había ganado a través de todo el territorio que Israel había conquistado (2 Samuel 24:15). En un censo cada familia tenía que dar un informe de todos sus bienes, propiedades y miembros de familia. No era el tiempo de David hacer el censo. No era el momento para el contar sus ganancias. Como consecuencia, hubo escases en Israel donde sesenta mil personas perdieron sus vidas. David se dio de cuenta que desobedeció a Dios y se arrepintió. Esta es una enseñanza que puedes aplicar a tu vida.

Llegarán tiempos de prosperidad a tu ministerio, así que si en algún momento te encuentras contando en vez de orando toma el tiempo y reflexiona acerca del verdadero propósito del dinero y sigue el ejemplo de David, arrepiéntete. Es difícil dejar que estos asuntos no sean de influencia sobre tu vida y en las decisiones que tomas, pero como Jesús dijo: "Lo que es imposible para los hombres, es posible para Dios."
 Uno de los gigantes que David enfrentó no tuvo que ver con un hombre de nueve pies de altura, sino con su propia lascivia. El joven ministro tiene que enfrentar este gigante también. Hoy esta manifestación de la carne se ve por todos lados; a través de la televisión, radio, películas, en las escuelas y trabajos. El joven ministro tiene que cuidar lo que el deja entrar en su corazón. David vio a Betsabé y su corazón se lleno de lascivia. Interesante que cuando esto le ocurre la Biblia señala que era tiempo de los reyes ir a la guerra, pero David se quedó en el palacio haciendo nada. ¡Cuidado con la ociosidad! Un pecado conduce a otro.

 La Biblia dice en Mateo 5:28 "Pero yo os digo que cualquiera que mira a una mujer para codiciarla ya adulteró con ella en su corazón." Cuando vemos o escuchamos algo que es sensual esto va creando raíces en el corazón.

Cuando fui pastor de jóvenes tuve un joven que fue uno de los músicos del grupo de jóvenes que tuvo problemas con la lascivia. Todo comenzó cuando el vio una película que no debió haber visto y esto afectó sus pensamientos y su conducta. El problema fue que se le presentó una joven y en un momento de debilidad ambos fueron derrotados por la lascivia. Desde el momento que este joven vio esa película inapropiada abrió puertas a la lascivia y consecuentemente pecó.

En el evangelio de Lucas 5:29, "Por tanto, si tu ojo derecho te es ocasión de caer, sácalo y échalo de ti..." Jesús no estaba hablando literalmente, sino el punto que Él trazó es que tenemos que guardarnos de lo que vemos. Si estamos alimentando nuestra sensualidad o deseos de la carne vamos a perder la batalla contra la lascivia.

Gálatas 6:8 dice, "Porque el que siembra para su carne, de la carne segará corrupción; mas el que siembra para el Espíritu, del Espíritu segará vida eterna." Pon reglas sobre tu vida que te ayudarán a cuidar tu corazón de la lascivia.

Por ejemplo, en mi casa nosotros no vemos películas clasificada "R", ni tampoco escuchamos música que no sea cristiana por más bonita que sea. Yo he conocido personas que me han dicho yo solo escucho música romántica que no tienen palabras inapropiadas. El problema es que la música romántica apela a tu sensualidad. Este gigante es suficientemente fuerte sin tener que alimentarlo. Cuídate de no estar solo con un joven o jovencita aun si son novios. Y cuando tenga una pareja con quien tú estás formalizando un noviazgo también debes de poner reglas que te ayuden a cuidarte. Tú eres un ministro y debes de proteger tu testimonio.
Romanos 13:14 dice: "Sino vestíos del Señor Jesucristo, y no proveáis para los deseos de la carne." Si estás luchando con esto ahora mismo busca ayuda de un consejero, y pídele al Espíritu Santo que te libre de todo pensamiento que no sea apropiado.

David reconoció su error, fue reprendido por otro joven Natán. David se arrepintió aunque pagó consecuencias por su pecado. Siempre hay consecuencias, pero Dios está contigo. Cada día que pasa el Espíritu Santo aumentará tus fuerzas. David expresó en el Salmo 51:10, "Crea en mí, oh Dios, un corazón limpio y renueva un espíritu recto dentro de mí." David tuvo victorias y derrotas pero quien lo levantaba era la mano de Dios. David fue un joven ministro lleno del Espíritu Santo y esa unción lo hizo vencer los gigantes en su vida. Fue conocido como un rey con grandes éxitos que unificó a Israel. Aun con todo el éxito que David tuvo todavía fue hombre que cantaba, danzaba, y glorificaba a Dios. Era un hombre que reconocía la importancia de honrar a Dios a través de la alabanza.

En el Salmo 103:1 dijo: "Bendice, alma mía, a Jehová y bendiga todo mi ser su santo nombre."

Realmente Dios es digno de suprema alabanza. David fue ungido, pero mantuvo esa unción teniendo un corazón lleno de acción de gracias. Él lo expresaba a través de sus cánticos. David alababa a Dios, pero el único interés de David era darle gloria a Dios.

Cuando yo alabo al Señor en mi habitación yo danzo, lloro, grito, me estremezco; quizás parezco como un loco, pero me siento bien y libre en la presencia del Señor.

El Salmo 95:2-3 dice: "Lleguemos ante su presencia con alabanza; aclamémosle con cánticos. Porque Jehová es Dios grande y Rey grande sobre todo los dioses."

Tu alabanza y adoración te llevarán a un momento en su presencia que será más profundo que cualquier otro momento en tu vida. Así que, alaba a Dios con todo tu corazón, mente y fuerzas. Hay suficientes personas que alaban de labios sin ningún sentir en su corazón, pero tú joven ministro danza, brinca, grita, gime, llora, gózate, arrodíllate y ponte sobre tu rostro y alaba a Dios. Todo lo que respira alabe a Jehová. Aleluya (Salmo 150:6)

Cuando yo tenía 14 años de edad recibí la llenura del Espíritu Santo. Fue una experiencia que cambió mi vida. Como juvenil fui tímido y acomplejado. Experimenté el desprecio de otros. Aun cuando trataba de imprender una labor otros no pensaban mucho de mí. Mis notas en la escuela eran bajas y parecía que nada iba a mi favor. Cuando El Espíritu Santo vino sobre mí me llenó de tal forma que cambié. No cambié quien yo era sino la percepción de lo que yo pensaba de mí.

Comencé a enfocarme en mi llamado. La unción del Espíritu Santo me capacitó a cumplir y realizar la misión que Dios me asignó. Tomé una actitud positiva. Todo lo que estaba a mi alcance yo decía, "sí puedo hacerlo." Nadie podía decirme "no puedes". Porque entendí que el que me Llamó es el Dios de los ejércitos. Lo más que me importaba era estar bien con Dios, sentir su presencia, y amarlo. Cuando eso ocurrió el favor de Dios se manifestó en mi vida de tal forma, que comencé a sacar buenas notas. Mis notas mejoraron de tal manera, que recibí una beca para estudiar en la Universidad. También pude aprender hablar y escribir el español, aun siendo inglés mi primer lenguaje. Los comentarios o la percepción de otras personas hacia mí ya no me afectaban. Solo seguía trabajando en la obra del Señor. Cuando Samuel fue a ungir a David, vio un joven rubio, hermoso de ojos y de buen parecer. Aun su padre Isaí no creía que David era el escogido. Samuel ungió a David en medio de sus hermanos (1 Samuel 16:13). Las mismas personas que no vieron la capacidad en él tuvieron que reconocer la unción y el llamado que estaba en su vida. La unción hará la diferencia en tu vida.

En Hechos 1:5, Jesús les recordó las palabras de Juan y le dijo a Sus discípulos que serían bautizados con el Espíritu Santo dentro de pocos días. El derramamiento del Espíritu Santo que ocurrió en ese día, solo diez días después que Jesús lo dijo, lo conocemos como el día de Pentecostés.

En el nuevo testamento Pablo hace énfasis que el creyente debe buscar ser lleno del Espíritu Santo a fin de que pueda vivir una vida victoriosa sobre: EL MUNDO, LA CARNE Y EL DIABLO; y no solamente una vez, sino que continuamente buscar la llenura del Espíritu Santo.

El ser llenos por el Espíritu Santo, es estar sellado. Esto nos da una garantía completa porque el ser sellado significa que pertenecemos a quien nos selló. Nos indica que somos llamados, justificados, y perfeccionados en Cristo. Es una marca divina que dice que somos del Señor.

"El cual también nos ha sellado, y nos ha dado las arras del Espíritu en nuestros corazones". (II Corintios 1:22).

Si no has recibido la llenura del Espíritu Santo, debes seguir buscándola de todo corazón porque cambiará tu vida. También pueden encontrarse dudas u otras razones por la cual no has recibido la llenura del Espíritu Santo.

He aquí algunas cosas que puede impedir que recibas el Bautismo del Espíritu Santo:

1. *Incredulidad.* La Palabra de Dios dice en Hebreos 11:6 "Ahora bien, sin fe es imposible agradar a Dios..." Sino crees o sino estas adiestrado sobre la tercera persona de la Trinidad como puedes esperar recibirlo. Busca libros sobre el tema del Espíritu Santo y estudia la Biblia.

2. *Temor.* A veces deseamos la llenura pero a la misma vez tememos y nos entran pensamientos que nos impiden recibirlo. Por ejemplo, si en un culto en la iglesia comienza a manifestarse la presencia del Espíritu Santo y vemos la evidencia como personas hablando en otros lenguajes o danzando, a veces te haces la pregunta, "¿será esto un mover de Dios?" Algunos mientras piden, a la misma vez temen, por eso no lo reciben. Tienes que rendirte de todo Corazón al mover del Espíritu Santo.

3. *Pecado.* (Hechos 8:18-24). Simón el Mago quería comprar el don de dar o comunicar el Espíritu. Pedro lo reprendió porque la llenura no es algo que se puede comprar sino recibir. El corazón del mago estaba enfocado en tener un poder en vez de conocer y tener una relación con Dios.

Sin duda no podemos negar que la "segunda obra" de la gracia está disponible para ayudarnos a cumplir efectivamente con la misión de Dios en nuestras vidas.

Puntos importantes para recordar…

La uncion Cambiara tu Vida

1. La oveja representa provisión de Dios.
2. Cuida tu llamado como Dios cuida sus ovejas.
3. A Dios le agrada los sacrificios que hacemos en obediencia a Él.
4. Jesús mira las ovejas como almas que necesitan su protección.
5. La unción viene sobre tu vida cuando alineas tu corazón al de Él.
6. Ningún hombre es ungido con aceite para hacer nada.
7. Cuida tu corazón del orgullo.
8. Huye de las pasiones juveniles.
9. Practica la presencia de Dios.

Oración

Dios mío te alabo y te doy gracias por dejarme sentir tu presencia. Señor quiero cuidar lo que tú me has dado así como tú me cuidas a mí. Ayúdame a apartarme del orgullo, pasiones juveniles, y a no dejarme llevar por lo que ven mis ojos, sino que yo pueda obedecerte y alinearme a tu propósito todo los días de mi vida. Amén.

Capítulo 8

LLEGARAS A TU DESTINO

"Las metas nunca deben salir de tu ego, pero de problemas que gimen tener una solución." - Robert H. Schuller

"El proposito de Dios le da significado a la vida." Woodrow Kroll

"Estoy preparado a ir donde quiera, despue que sea haia delante..." David Livingston

"Hermanos, yo mismo no pretendo haberlo ya alcanzado; pero una cosa hago: olvidando ciertamente lo que queda atrás, y extendiéndome a lo que está adelante, prosigo a la meta, al premio del supremo llamamiento de Dios en Cristo Jesús." - Filipenses 3: 13-14

En Agosto 6, 1926 una joven de 19 años con el nombre de Gertrude Ederle se convirtió en la primera mujer que nadó el canal Inglés. Fueron veintiún millas y lo hizo en catorce horas y treinta y un minutos. En alta mar, con lluvia, peligros constantes ella llegó a su destino. Durante su natación el entrenador de Gertrude le dijo que se diera por vencida y se subiera al bote porque se veía cansada. Ella lo miró y le dijo, ¿Por qué? Gertrude fue conocida como la Señorita - "por qué"-. Cuando te lleguen tormentas a la vida y te vengan pensamientos de rendirte, antes de tomar una decisión pregúntate, ¿Por qué? Las personas que se dan por vencidos nunca llegan a su destino, pero tú, ¡si vas a llegar porque ese destino por Dios ha sido trazado!

Cuando tenía quince años estuve predicando en una campaña de jóvenes en la Iglesia El Faro en Ocala, Florida. Mi padre me transportó para la campaña. Después del culto pasamos un tiempo en la casa del pastor y nos fuimos de regreso a nuestra casa como a la una de la mañana. El carro se nos dañó a esa hora en una carretera solitaria. Comenzamos a caminar y como a una milla de distancia vimos una casa con las luces prendidas. Al acercarnos a la casa nos dimos cuenta que había un pleito entre el esposo y la esposa. Tocamos la puerta y el hombre de la casa nos recibió con rifle y nos pregunto; "¿qué quieren?" Al abrir la puerta vimos muebles tirados en el suelo, parece que hubo un pleito fuerte entre la pareja. Le explicamos que nuestro carro se nos dañó, que si nos hacía el favor de prestarnos su teléfono. El hombre accedió. Antes de irnos sentimos orar por paz sobre el hogar y la pareja nos permitió orar.

Me pongo a pensar a menudo que le hubiera pasado a esa pareja si nuestro carro no se hubiera dañado y nosotros no hubiéramos llegado a esa misma hora cuando la pareja estaban en ese pleito fuerte. Fue en ese momento que realicé que en la vida no hay coincidencias, sino propósitos específicos y definidos. Dios tiene todo bajo control. Él destinó que nuestro carro se dañara para que nosotros llegáramos esa noche a ese hogar. En el Salmo 33:18 dice: "He aquí el ojo de Jehová sobre los que le temen, Sobre los que esperan en su misericordia". El ojo de Dios se refiere al amor de Dios y su cuidado providencial sobre tu vida.

Joven ministro Dios es Soberano. Absolutamente Soberano. No hay nada que te pueda ocurrir que Dios no conozca y finalmente lo torne a tu favor.

Llegarás a tu destino. Quizás no entiendas cómo vas a llegar y el momento en que vas a llegar, pero debes de confiar en Dios que vas a llegar. El profeta Isaías dijo: "Porque mis pensamientos no son vuestros pensamientos…" Tenemos momentos donde planificamos unas cosas y nos salen otras. Nosotros pensamos nuestros caminos, pero Dios está constantemente enderezando nuestros pasos para llevarnos a nuestro destino.

Durante las muchas aflicciones de José, el joven destinado a ser gobernador providencial de Egipto, estuvo dos años en una prisión porque el copero del rey se olvidó de él. No fue hasta que el faraón tuvo un sueño que el copero se acordó de aquel joven que interpretaba sueños.

El gobernador de Roma, Félix, dejó a Pablo en la prisión por dos años antes que el saliera a predicar en Roma (Hechos 24). Hay cosas que no vas a entender por qué ocurren de la manera en que ocurren. Habrá capítulos en la historia de tu vida que no vas a poder explicar. Por más que ores y ayunes no lo entenderás. Acuérdate que el misterio de todo es que Dios está obrando en tu vida a tu favor en los momentos buenos y malos. La Biblia dice que la lluvia cae sobre el justo y el injusto. Son en esos momentos donde tu fe te seguirá moviendo hacia tu destino.

En el libro Santiago 1:2-3 dice: "Hermanos míos, tened por sumo gozo cuando os halléis en diversas pruebas, sabiendo que la prueba de vuestra fe produce paciencia."

La prueba produce beneficios en nuestras vidas. Si tú pasas por pruebas asegúrate de que le saques algún beneficio. Es durante estos momentos donde Dios comienza a mover las cosas movibles, para que queden las inconmovibles. (Hebreos 12:27).

Tendrás retos en tu vida que te llevarán a pensar una y otra vez si debes de seguir moviéndote en la misión o si debes mantenerme conforme donde estás. Me pongo a pensar de los doce espías que fueron a Canaán. Ellos vieron todo lo que Dios les prometió. La tierra era hermosa, llena de frutos, ciertamente era tierra que fluía leche y miel. Cuando regresaron para compartir lo que vieron con Moisés y el pueblo, le mencionaron lo que vieron. Pero diez de ellos se enfocaron en los gigantes que había en la tierra.

Se vieron a sí mismos como langostas siendo aplastados por esos gigantes. Todos menos dos de ellos, Josué y Caleb mantuvieron su seguridad de que podrían conquistar ese territorio. El pueblo les creyó a los diez espías y decidieron no entrar a Canaán. Y tú ¿a cuál reporte le vas a creer? ¿Vas a creer el reporte de que puedes llegar a recibir las promesas del Señor o el reporte del reto que será imposible?

Un poeta dijo en una ocasión: "El miedo nunca escribió una sinfonía o poema, o negoció tratados de paz, o curo enfermedades. El miedo nunca sacó una nación de la pobreza o una nación de la intolerancia. El miedo nunca salvó un matrimonio o negocio. El valor sí lo hace. La fe sí lo hace. Gente que declinó a consultar su timidez lo hicieron. Pero el miedo nos lleva a una prisión y cierra la puerta".

Jesús en medio de una tormenta la primera pregunta que hizo a sus discípulos fue: "¿Por qué teméis?" (Mateo 8:23-27). Estando Jesús en la barca no les iba a ocurrir absolutamente ningún mal a ellos.

Dios está en control de todo, 2 Crónicas 20:6 dice: "y dijo: el Dios de nuestros padres, ¿No eres tú Dios en los cielos y tienes dominio sobre todos los reinos de las naciones? ¿No está en tu mano tal fuerza y poder, que no hay quien te resista?"

Él le dijo a Jeremías sobre la vasija que se echó a perder en su mano. (Jeremías 18:6) "¿No podré yo hacer de vosotros como este alfarero...?

Aunque seamos quebrantados a través de las circunstancias de la vida, acuérdate siempre que Dios tiene el poder de hacernos de nuevo. Él no hubiera mandado a su unigénito hijo a morir por nosotros si Él no tuviera el poder de resucitarlo de entre los muertos.

David confió en lo que Dios estaba haciendo en su vida aún cuando tenía que huir de la mano de Saúl.

El Salmo 139:13 y 16 dice: "porque tú formaste mis entrañas, tú me hiciste en el vientre de mi madre. Mi embrión vieron tus ojos, y en tu libro estaban escritas todas aquellas cosas que fueron luego formadas, sin faltar una de ellas." David decía tú formaste mi parecer, mi carácter, mi personalidad, me hiciste la persona que soy por alguna razón.

Dale siempre gracias a Dios por todo lo que está haciendo en tu vida. No importa lo que pase acuérdate que Dios tiene una misión para ti y tú vas a llegar. Cuando entendemos este misterio se nos va la ansiedad, el miedo, los celos, porque entendemos que lo que Dios tiene para nosotros nadie nos lo puede quitar.

Vas a llegar a tu destino. Creo que una de las razones que muchos ministerios no llegan a completar su misión es porque no están claros con sus metas. Quiero establecer cinco puntos que puedes tomar en consideración para establecer metas:

1. *Que sean tus propias metas.* Las metas que pones deben de ser significantes para ti. No te copies de nadie. Todo ministerio es diferente. Las metas que estableces no tienen que ser las mismas de nadie porque solo tú y Dios saben a dónde Él te quiere llevar.

2. *Escribe tus metas.* Esto te ayudará a tenerlo presente delante de ti. Es importante mantener tu enfoque porque vendrán contratiempos y no querrás perder tiempo.

3. *Busca recursos.* Tienes que informarte qué es lo que necesitas para llegar. Si quieres viajar de la Florida a Puerto Rico necesitarás un bote o un avión. ¿Cómo vas a llegar si no te informas de lo que vas a necesitar para llegar? En Génesis 6: 14-16 Dios le dijo a Noé:

"Hazte un arca de madera de gofer; harás aposentos en el arca, y la calafatearás con brea por dentro y por fuera. Y de esta manera la harás: de trescientos codos la longitud del arca, de cincuenta codos su anchura y de treinta codos altura una ventana harás al arca, y la acabarás a un codo de elevación..." Para construir el arca Noé necesitaba instrucciones y recursos.

Nosotros también necesitamos lo mismo.

4. *Trabaja con diligencia.* Nadie gana el primer lugar con una actitud de procrastinación. Dicho de otra forma, el dejar para mañana lo que tienes que hacer hoy. La palabra diligencia se define como cuidado y actividad para ejecutar una cosa.

Pablo le dijo a Timoteo en 2 Timoteo 2:15: "Procura con diligencia presentarte a Dios aprobado, como obrero que no tiene de qué avergonzarse, que usa bien la palabra de verdad".

5. *Planifica todo lo que vayas a hacer.* Cuando un abogado defiende un caso no entra a la corte sin primero estudiar el caso y escribir puntos de defensa y el orden en el cual él los va a presentar. Cuando Dios creó los cielos y la tierra hubo un orden al crearlo. Génesis 1 enseña que Dios creó los cielos y la tierra en seis días y descansó el séptimo. Así que, que estableció un orden en la creación. Cuando planifiques debes de hacer una lista de cosas que debes realizar primero.

Acuérdate que cada progreso que tengas hacia la meta establecida es un éxito. Dale gloria a Dios y celebra cada paso que des hacia la meta.
En ocasiones vas a tener que buscar ser inspirado para cobrar fuerzas y seguir moviéndote. En otros momentos te encontrarás con barreras que tomarán un poco de tiempo derrumbarlas y tendrás que ser paciente.

En Hechos 27 nos habla que Pablo estaba en una nave de camino a Roma y se presentó una tempestad. Todos en la nave dejaron de comer porque estaban ocupados tratando de salvar la nave y sus vidas. Luego Dios le dio una revelación a Pablo y le dijo que nadie iba a perecer. Pablo le dijo que comieran y tuvieran ánimo porque creyó en las palabras que el ángel le dijo. Nosotros tenemos que recibir la revelación que tenemos que seguir comiendo y alimentándonos de palabra fresca de Dios y que ésta se convierta en Rhema en nuestra vida de tal forma que sigamos hacia nuestro destino profético. Quizás tengas que parar en la Isla de Malta por un tiempo y serpientes picarte, pero Jesús declaró en Marcos 16:18 "Tomarán en las manos serpientes, y si bebieren cosa mortífera, no le hará daño…" Vas a llegar a tu destino y no hay nadie que lo impida porque ya Dios lo decidió por ti.

Puntos importantes para recordar

Llegaras a tu Destino

1. En la vida no hay coincidencias, Dios tiene todo bajo su control.
2. No hay nada que te pueda ocurrir que Dios no conozca y lo use para tu bien.
3. Cuando pases por las pruebas asegúrate que le saques beneficios.
4. Cree en el reporte de Dios y no lo que sientes delante de los retos.
5. El miedo te mantiene despierto, pero la fe es una buena almohada.
6. Dios tiene el poder para hacerte de nuevo después de los quebrantamientos de la vida.
7. Lo que Dios tiene para ti nadie te lo puede quitar.
8. Vas a llegar a tu destino y nadie lo puede impedir.

Oración

Gloria a tu Nombre Señor, abre mis ojos al hecho de que si Tú estás conmigo quién contra mí. No hay circunstancia, problema o situación que pueda impedir que llegue a mi destino. Te amo mi Señor. Amén.

Capítulo 9

LA SABIDURIA
ES TU HERRAMIENTA EFICAZ

"La sabiduría no es un producto adquirido en la escuela sino el de una búsqueda de toda una vida para obtenerla". — Albert Einstein

"Dios dame la serenidad para aceptar las cosas que no puedo cambiar, la valentía para cambiar las cosas que puedo, y la sabiduría para conocer la diferencia". — Reinhold Niebuhr

"Me has hecho más sabio que mis enemigos con tus mandamientos, porque siempre están conmigo." Salmo 96:98

Algunas personas dicen que Napoleón Bonaparte fue uno de los hombres más sabios en la historia. Fue emperador de Francia y dominó política en Francia por dos décadas. Su astucia militar le ganó el continente de Europa y llegó hasta Asia y África. Quizás fue sabiduría o quizás es que fue un hombre confidente de él mismo. Hay una diferencia de ser hombres sabios y ser confidentes de uno mismo. Cuando dependemos de nuestras propias fuerzas y talentos nos volvemos orgullosos y llega el tiempo donde lo perdemos todo. Vemos esto con Napoleón Bonaparte.

Permíteme compartirte un poco de su historia…En Junio del 1812 Napoleón entra a Rusia con 600,000 hombres pensando que va hacer una batalla rápida. No trajo mucha provisión. Los rusos adoptaron una estrategia de atacar y retirar. Los rusos se retiraban y el ejército de Napoleón perseguía. Cada vez que los rusos se retiraban ellos quemaban toda la provisión de las ciudades en la cuales ellos se retiraban. Para el final del invierno un ejército de 600,000 hombres llego a ser de 100,000.

El ejército de Napoleón fue destruido. ¡Qué cosa! cómo un hombre que muchos consideraban astuto perdió la batalla.

El orgullo opaca la sabiduría, le pone vendas a los ojos de los hombres más sabios, y los hace ciegos.

Salomón

El concepto bíblico de la sabiduría es, la habilidad de juzgar correctamente, y seguir el mejor curso de acción, basado en el conocimiento y entendimiento. (Lockyer p. 1103). Sabiduría bíblica sigue los temas de reverencia a Dios, y respeto para cada persona.

Sabiduría no es seguir costumbres culturales. En los tiempos bíblicos la esclavitud era algo común. Tiranía de gobiernos poderosos era lo normal. El estatus quo de la mujer era de segunda clase. Los niños eran disciplinados con palizas. En los tiempos bíblicos esto era aceptable. Entonces… ¿podemos ver la sabiduría en esto? Creo que no. Lo que entendemos es que el seguir conceptos o ideales morales no nos lleva a ser más sabios.

Sabiduría no es seguir reglas. Dios estableció reglas para que tuviéramos un estandarte y supiéramos nuestros límites. En Lucas capítulo 18 la Biblia nos habla de un joven rico que se acercó a Jesús y le preguntó: "¿qué haré para heredar el reino de los cielos?" Jesús le dijo que siguiera los mandamientos.

El joven dijo: "los he seguido desde niño". Entonces Jesús le respondió: "Te falta algo. Vende todo lo que tienes y dalo a los pobres y tendrás tesoros en el cielo; y ven, sígueme."

Las Escrituras registran que aquel joven se fue muy triste porque tenía mucho dinero. En realidad él no estaba guardando los mandamientos. Porque en el libro de Éxodo 20:3 dice: "no tendrás dioses ajenos delante de mí." Aquel joven en su propia opinión estaba obedeciendo supuestamente los mandamientos. Tú puedes en tu propia opinión estar siguiendo todas las reglas y en realidad no ser una persona sabia.

Sabiduría es tener reverencia al Creador de este universo. Es admitir nuestros errores y entender las consecuencias de nuestras acciones. Sabiduría es tener el conocimiento y entendimiento de tomar la acción correcta y tener la voluntad y el valor para hacerlo.

Un juez lee la letra de la ley y tiene el juicio para interpretar el espíritu de la ley y su significado para el presente. El espíritu de la ley para nosotros es el Espíritu Santo y Él nos guiará a toda verdad y a toda justicia.

Proverbios 3:13-18 dice: "Bienaventurado el hombre que halla la sabiduría, y que obtiene la inteligencia; Porque su ganancia es mejor que la ganancia de la plata, y sus frutos más que el oro fino. Más preciosa es que las piedras preciosas; y todo lo que puedes desear, no se puede comparar a ella. Largura de días está en su mano derecha; en su izquierda, riquezas y honra, sus caminos son caminos deleitosos, y todas sus veredas paz. Ella es árbol de vida a los que de ella echan mano, y bienaventurados son los que la retienen."

La sabiduría nos mantiene en armonía con Dios y con los hombres porque estamos sometidos a la voluntad de Dios. Van a ver momentos en tu vida que si no buscas ayuda y clamas por la sabiduría de Dios te sentirás que no podrás lograr lo que comenzaste.

Santiago 1:5 dice: "Y si alguno de vosotros tiene falta de sabiduría, pídala a Dios, el cual da a todos abundantemente y sin reproche, y le será dada". Yo tengo un bachillerato en Artes Liberales con una Concentración en Historia y Maestría en Liderazgo. El entrenamiento que yo recibí me ayudó mucho en varios proyectos del ministerio. Pero la mejor sabiduría que yo obtuve fue el reconocer que sin la guía del Espíritu Santo no iba a poder resolver los problemas que se me presentaron del proyecto de construcción de la iglesia. Así que, cuando comencé fue algo realmente difícil. No tenía la experiencia. Tuve que pedirle dirección a Dios y ayuda de otras personas que pasaron por la experiencia para poder realizar el proyecto. Ese fue el primero de muchos otros retos donde tuve que pedir sabiduría a Dios.

Una de las historia en la Biblia que más ministran a mi vida como joven ministro es la de Salomón. Salomón era el hijo de David por medio de Betsabé. Él no estaba conforme a la descendencia en la lista para ser rey y después de una gran disputa entre los hijos de David y el deseo de ellos de alcanzar el trono, el profeta Natán y el sacerdote Sadoc concordaron que era la voluntad de Dios que Salomón fuese el próximo rey de Israel. El profeta Natán ungió a Salomón para ser el próximo rey cuando David muriese (1 Reyes 1:45).

La voluntad de Dios siempre se cumple. Hay jóvenes que se preguntan cómo llegaron a donde están, sin saber que fue Dios quien los puso.

No llenes tu corazón con complejos de inferioridad, ni te sientas muy pequeño para la misión que tienes que cumplir, porque si Dios te la encomendó, Él te va a dar la sabiduría necesaria para tú realizarla. Como joven yo he tenido hombres de Dios que son miembros de mi iglesia y miembros del liderazgo de la iglesia que yo considero que son personas de gran capacidad, preparados, con muchos talentos. Le doy gracias a Dios por ellos, pero también sé que Dios me escogió a mi para ser un trabajo en particular.

Mateo 20:16 dice: "Así, los primeros serán postreros, y los postreros primeros; porque mucho son los llamados, mas pocos escogidos." Esta palabra se refiere a los obreros de la viña que contrató el padre de la familia. El padre quedó en acuerdo con los obreros de pagarle un denario. Algunos obreros comenzaron a trabajar a la hora tercera, otros a la sexta, otros a la novena y a la décima. Al final, todos recibieron un denario. Los que entraron primero no pensaron que era justo. Pero el padre dijo: "le pagué lo que quedamos en acuerdo". Él fue fiel en lo que se comprometió. En el vs 15 dice: "¿No me es licito hacer lo que quiero con lo mío?" El padre de familia dijo: "yo le doy lo que quiero porque es mi dinero".

Vas a encontrar personas que por ignorancia o por celo siempre tratarán de aguantar el progreso de tu ministerio porque eres joven. Ellos no están fijándose que Dios está siendo fiel con ellos también. Algunos están más pendientes con lo que Dios te está dando a ti y no miran que Dios está cumpliendo con ellos también. Simplemente Dios te escogió a ti para una hora y escoge a otros para otra. Yo me encontré con hombres que me decían eres muy joven para cumplir con esta labor. Cuando ellos sabían en su corazón que Dios me estaba llamando. Comencé a predicar a los 12 años de edad, fui pastor de jóvenes a los 15 años, co- pastor de una iglesia a los 20 años, y pastor a los 23 años de edad. Si le hubiera puesto atención a esos comentarios no me hubiera movido en la misión que Dios puso delante de mí.

No tomes ese tipo de comentarios personalmente. Debes de desechar todo lo que venga en contra de lo que Dios te ungió para realizar. El aceite para ungir le pertenece a Dios y no al hombre. El me dijo: "yo te escogí y te daré la sabiduría que necesitas para cumplir con mi voluntad". No temas, Él hará lo mismo contigo.

Cuando Dios escogió a Saulo, le dijo a Ananías: "Ve, porque instrumento escogido me es éste, para llevar mi nombre en presencia de los gentiles." Ananías fue y ungió a Saulo. No le preguntó porque no me escoges a mí porque Saulo es nuevo, tiene la reputación de perseguir a los cristianos, eso no va a trabajar.

No, Ananías entendió que quien escoge es Dios y no el hombre. El aceite le pertenece a Dios.

Salomón reconoció que él no era suficiente para guiar el pueblo de Israel. En 1 Reyes 3:7 dice… "Jehová Dios mío, tú me has puesto a mí tu siervo por rey en lugar de David mi padre; y yo soy joven, y no sé cómo entrar ni salir". En oración él le presentó esta inquietud al Señor. Esto es un buen ejemplo para cada joven ministro que en vez de estar ansiosos o echarse para atrás y decir no puedo, Salomón quiso expresar lo que él sentía en oración y esperar en Dios.

Segundo, Salomón fue específico en lo que necesitaba (1 Reyes 3:9, "Da pues, a tu siervo corazón entendido para juzgar a tu pueblo, y para discernir entre lo bueno y lo malo…") El pidió sabiduría para lidiar con el pueblo de Israel. Tú también vas a tener que doblar tus rodillas y pedirle a Dios que te enseñe cómo resolver problemas que se te presenten en la iglesia, con el equipo de trabajo en el ministerio evangelístico, con la ciudad en proyectos de construcción y aún en tu propio hogar.

La sabiduría se puede clasificar en la sabiduría natural y la sabiduría divina. Dios dio sabiduría natural por medio de información, Éxodo 28:3, "Y tú hablarás a todos los sabios de corazón, a quien yo he llenado de espíritu de sabiduría, para que hagan las vestiduras de Aarón…" Él le dio la información que necesitaban a través de hombres sabios. Cuando estés falto de sabiduría con respecto a algo en particular que requiere habilidades humanas puedes ir y buscar información que necesitas para ese proyecto.

Por ejemplo, al comenzar el proyecto de construcción de la iglesia yo fui a un arquitecto, un ingeniero y a los oficiales de la ciudad para informarme. Tomé decisiones basado en la información que ellos me dieron. Si tengo problemas con mi auto, voy a un mecánico. También puedes informarte de temas relacionados a la Biblia leyendo libros de autores que se especializan en esas áreas de estudios. Tú puedes estudiar y crecer en sabiduría. A través de los años he escuchado comentarios como: "tú no necesitas estudiar, lo único que tú necesitas es Espíritu Santo y Fuego". Todos nosotros necesitamos del Espíritu Santo y la unción que sólo su presencia puede dar, pero el no estudiar no es un principio Bíblico.

Aún Jesús, que es El Verbo, la palabra de Dios se sentó en las sinagogas para darnos el buen ejemplo de que debemos de ser instruidos y debemos buscar crecer en conocimiento. Los discípulos fueron instruidos sobre 3 años con Jesús y varios de ellos recibieron instrucción de Juan el Bautista antes que Jesús llegara a la escena. A Jesús los discípulos lo llamaban maestro. ¿Qué hace un maestro sino instruir, dar conocimiento sobre algo desconocido? Un contable no llega al potencial de conocimiento a menos que estudie bajo una persona que tenga basto conocimiento en contabilidad. Un músico, aunque toque de oído, no llega a su potencial si no estudia y aprende a leer música. Aún un predicador puede tomar clases de cómo hablar en público para perfeccionar su forma de expresión verbal, etc. Es importante que cada ministro joven tome el tiempo de ir al seminario bíblico para estudiar los fundamentos.

Un jugador de baloncesto juega a nivel colegiar antes de irse a nivel profesional para poder dominar los fundamentos del juego. Después que se estudie en una institución no quiere decir que ahí va a terminar tu aprendizaje, sino que el estudiar es un viaje de toda la vida.

Otra forma de crecer en sabiduría es a través del discipulado que otros ministros te puedan dar. Yo llamo esto entrenamiento mientras que estás en el trabajo. Es bueno pedir el consejo de otros ministros que ya han pasado por la escuela de la vida y pueden identificar lo que tú necesitas para tener éxito. En el libro de Eclesiastés 1:12-17, Salomón dedica su vida a la búsqueda de sabiduría, el verso 18 dice, "porque en la mucha sabiduría hay mucha molestia; y quien añade ciencia, añade dolor." Algo clave es que la sabiduría basada en habilidades humanas es una sabiduría temporal. El peligro de esta sabiduría es que tendemos a acumular toda la información y experiencias que tenemos para tomar decisiones. Creo que no nos podemos olvidar de la sabiduría divina. Debemos de, sí contar con la información, experiencias, y consejos que podamos tener o recibir, pero siempre darle prioridad a la sabiduría divina. Hablo de cuando Dios, a través del Espíritu Santo pone algo en tu corazón y te da estrategias para hacerlo. En ocasiones no te hace sentido o va en contra de la experiencia que tienes, pero debes de siempre seguir lo que el Espíritu Santo está poniendo en tu corazón hacer y esto entendiendo que si es el Espíritu de Dios, deberá estar de acuerdo a los principios bíblicos y guiarte según su verdad revelada y no necesariamente a tu experiencia personal.

Imagínate a Moisés, con el pueblo de Israel delante del mar rojo, tratando de usar la sabiduría humana, o David delante de Goliat tratando de usar la armadura de Saúl, o Josué tratando de derrumbar las murallas de Jericó solo usando habilidades humanas. Lo que ellos hicieron no tenía lógica.

Moisés usó una vara para dividir el mar rojo, David usó una honda con piedras para matar a Goliat, y Josué con el pueblo le dieron 7 vueltas a Jericó. No tenía sentido, pero le fue dada sabiduría divina para vencer esos retos de su vida.

En primera de Corintios 1:18-31, Pablo escribe en el verso 18, "Porque la palabra de la cruz es locura a los que se pierden…" ¿Por qué será locura? Porque la proclamación de que Jesús murió por nuestros pecados y resucitó al tercer día no se puede recibir bajo la sabiduría natural. Los sabios del mundo han tratado de explicar o analizar el mensaje del evangelio y tropiezan. Por eso Pablo dijo: "la mucha letra mata". ¿Qué es lo que mata? La respuesta es, que cuando nos dejamos llevar simplemente por la habilidad humana o el razonamiento humano, esto puede crear duda en poder realizar lo que Él nos ha mandado a hacer porque no encontramos la forma de hacerlo basado en la información que tenemos. En otras palabras mata nuestra fe.

El evangelio se recibe por medio de la fe. Van a haber momentos donde la información que tú tienes no te ayudará y vas a tener que depender de esa sabiduría divina y simplemente moverte en fe. La sabiduría natural es un complemento, pero que no se convierta en barrera para moverte en Fe para aplicar las estrategias de Dios. Pablo dice en 1 Corintios 2:6-7, "Sin embargo, hablamos sabiduría entre los que han alcanzado madurez; y sabiduría, no de este siglo, ni de los príncipes de este siglo, que perecen. Mas hablamos sabiduría de Dios en misterio."

Pablo en este verso trata de la Sabiduría Divina. Esto se basa en una revelación de la voluntad de Dios en los asuntos que se te presenten en la vida. Esta sabiduría viene a través de una profunda búsqueda en momentos en la presencia de Dios. Moisés fue un hombre sabio entrenado por los hombres más sabios de Egipto, pero Dios tuvo que sacarlo de Egipto y llevarlo al desierto. Lo sacó de todas sus distracciones para enseñarle algo que no tenía lógica, una zarza que ardía y no se consumía. La sabiduría divina te mueve de hacer cosas ordinarias a cosas extraordinarias. Tal sabiduría espiritual se desarrolla en el carácter del ser humano por guardar los estatutos de Dios. La Biblia dice, en Proverbios 4:11, "Por el camino de la sabiduría te he encaminado, y por veredas derechas te he hecho andar." La Sabiduría del Espíritu nos mantiene caminando conforme a las verdades Bíblicas y convicciones del Espíritu Santo. Proverbios 8:12, "yo, la sabiduría, habito con cordura." La Sabiduría espiritual nos hace prudentes, no somos prontos para hablar, sino buscamos dirección y palabra de Dios. Me acuerdo como El Espíritu Santo le dio prudencia a Pedro y Juan (Hechos 4) delante del concilio dirigiendo su propia defensa. La biblia dice que los miembros del concilio estaban maravillados de la sabiduría que exhibían porque ellos sabían que eran hombres sin letra.

En Hechos 4:13, "…y les reconocían que habían estado con Jesús." Esa es sabiduría espiritual, cuando el hombre reconoce que lo que estamos hablando solo puede venir cuando pasamos tiempo con en la presencia de Señor. Lo que hablamos solo pueden ser palabras puestas por el Espíritu Santo. Proverbios 14:8, "La ciencia del prudente está en entender su camino." La sabiduría espiritual nos da discernimiento. El discernir significa poder percibir la diferencia existente entre las cosas.

Salomón uso el discernimiento (1Reyes 3:16-28) cuando dos rameras trajeron el problema del niño que murió. Una de las rameras acusó la otra de que le quitó el niño al saber que su propio niño había muerto. El rey sacó una espada para partir por la mitad al bebé y darle una parte a una ramera y la otra parte a la otra ramera. Una de ellas gritó y dijo: "no es mío, dáselo a ella". Salomón entendió que la verdadera madre preferiría perder su niño que verlo morir. Y le dio el bebé a la ramera que era la madre del niño.

1 Corintios 2:14, "Pero el hombre natural no percibe las cosas que son del Espíritu de Dios porque para él son locura, y no las puede entender; porque se han de discernir espiritualmente." Tenemos que pedir al Señor discernimiento porque hay lobos que se esconden entre las ovejas. Esos lobos traen distracciones y atrasos a la obra de Dios. A través del discernimiento podrás reconocer pensamientos, palabras y actitudes si son del Espíritu o si nacen de la carne en tu propia vida. Aprende los momentos cuando debes callar y no hablar cosas necias y cuando debes hablar. Cuando hablas según el espíritu impartirás vida. Cuando te sientas inseguro si son palabras que vienen del Espíritu Santo, siempre usa como referencia la Biblia porque El Espíritu Santo nunca contradice la Biblia. Yo sé que si tengo pensamientos que no tienen fundamento Bíblico entonces no pueden venir de Dios.

Quiero ser claro, la sabiduría natural y la sabiduría divina, las dos solo son posibles a través de Dios. La sabiduría natural no es mala. Dios me permitió estudiar y obtener la maestría y sigo estudiando hacia el doctorado. Y quiero seguir estudiando e informándome hasta llegar a la perfecta unión con el Espíritu. A mí me gusta ver la sabiduría natural y divina de esta manera. David uso su habilidad natural cuando tomó una piedra y la puso en su honda y mató a Goliat. La Sabiduría divina entró en entender que no iba a usar armas convencionales como el escudo y la espada para derrotar a Goliat. La revelación que el recibió fue que no era con espada o con lanza y jabalina, sino en el nombre (palabra) de Jehová de los ejércitos. El ministro joven necesita ambas la sabiduría natural y divina para llegar a cumplir con su misión.

Consecuentemente la sabiduría lo llevó a la prosperidad. El no pidió más pero la sabiduría está amarrada a la prosperidad. La sabiduría te da el poder para tomar decisiones correctas. El enfoque de Salomón nunca fue las riquezas sino el interés de él fue cómo guiar al pueblo. Salomón es conocido como el primer grande comerciante rey de Israel. Una de las estrategias que el utilizó fue en hacer un oasis, es un lugar verdoso con agua, para que los camellos no tuviesen que parar por dos o tres días. Pudo controlar las caravanas de intercambio desde Arabia a la Mesopotamia y desde el Mar Rojo hasta Tadmor. Salomón terminó aún el Tabernáculo el Templo de Jehová que estaba en el corazón de su padre David y Salomón se apropió de esa visión. Joven ministro, es importante que si entras a un ministerio que ya está establecido que sigas la visión que ya está funcionando. Esa visión es tu fundamento, pero eso no quiere decir que no se puede expandir o moverte en esa visión en diferentes formas. Por ejemplo: Los Estados Unidos se basan en una sola visión y cada Presidente la lleva a cabo de diferente forma. Tú llegas a una Iglesia y te nombran el pastor de los jóvenes o de algún departamento. El pastor te dice cuál es la visión de la Iglesia y qué le gustaría ver en ese ministerio. Él te dio un bosquejo, pero tú eres, a través de la dirección del Espíritu Santo, el que va a trazar un plan y llenar los detalles de ese bosquejo que te dio el pastor.

Tú vas a tener la oportunidad dentro de la visión de también desarrollar las ideas que el Espíritu Santo está poniendo en tu corazón. Todo debe de ser aprobado por su pastor, pero seguramente lo más que le interesa a tu pastor es que desarrolles la visión.

Cuando hay sabiduría natural y divina el Señor nos guía a tomar las decisiones correctas que nos ayudarán en todo aspecto de nuestra vida, incluyendo pagar las cuentas. Una de los métodos para levantar fondos para el ministerio es encontrar auspiciadores. El pueblo está dispuesto a dar por una causa, no a una persona, sino a una causa. Acuérdate, no proyectes que esto es para tu ministerio, sino es para alcanzar el objetivo o propósito al cual Dios te llamó.

Salomón pasó un tiempo difícil en su vida. Cuando él escribió el libro de Eclesiastés escribió sobre todo lo que no debemos de hacer en la vida. Salomón escribió Eclesiastés cuando estaba avanzado de edad y se dio cuenta de su error. En esos tiempos Salomón, tratando de unificar el reino, contrajo matrimonio con muchas mujeres extranjeras que tenían dioses paganos. Fue convencido por ellas para que se envolviera en la adoración de los dioses paganos. Como ministro de jóvenes, a veces, queriendo buscar un terreno común tendemos a permitir algo que no está de acuerdo a principios Bíblicos. Tú no puedes comprometer la palabra de Dios y las convicciones que el Espíritu Santo pone en tu corazón para evitar ofensas sino armoniza con la sabiduría y autoridad de Dios. Un abogado se prepara por horas antes de pararse delante del Juez y presentar su caso. Tú también debes de prepararte con la sabiduría divina. No te cases con ideales y opiniones que no vienen de Dios. Para Salomón y su padre David lograr realizar la misión que Dios les dio tenían que conocer el Buen Pastor. Pablo le dijo a Timoteo, "Procura con diligencia presentarte a Dios aprobado, como obrero que no tiene de que avergonzarse, que usa bien la palabra de verdad." (2 Timoteo 2:15)

Puntos importantes para recordar...

La Sabidaria Es tu Herramienta Eficaz

1. El orgullo opaca la sabiduría, pone vendas en los ojos, y te hace ciego.
2. La sabiduría es la habilidad de juzgar correctamente, seguir el mejor curso de acción basado en el conocimiento y entendimiento.
3. Sabiduría no es seguir costumbres culturales.
4. Sabiduría no es seguir reglas.
5. Sabiduría es temer a Dios.
6. Salomón reconoció que él no era suficiente para guiar todo el pueblo de Israel por lo que pidió sabiduría.
7. El estudiar es un viaje de toda una vida.
8. Procura prepararte y buscar la sabiduría divina.

Oración

Dios, gracias por escogernos aun a temprana edad. Sabemos que no es nuestra experiencia, o nuestros grados universitarios sino que eres Tú el que nos das la sabiduría para poder cumplir con la misión. Gracias Señor. Amén

Capítulo 10

AMADOR DE SU PALABRA

"El diablo le tiene miedo a la palabra de Dios, no puede morderla; le rompe los dientes." Martin Lutero

"Cada criatura es una palabra de Dios" Miester Echart

"Cuando tú lees la Biblia tú sabes que es la palabra de Dios, porque tú encontrarás que es la llave a tu propio corazón, tu propia felicidad, y tu propia responsabilidad." Woodrow T Wilson

"Vosotros también, poniendo toda diligencia por esto mismo, añadid a vuestra fe virtud; a la virtud, conocimiento; al conocimiento, dominio propio; al dominio propio, paciencia; a la paciencia piedad; a la piedad, afecto fraternal; y al afecto fraternal, amor." 2 Pedro 1:5-7.

Lutero dio su 95 tesis a sus colegas universitarios en Octubre 3,1517. Lutero declaró al Papa y todo su clerical que solo somos hombres infalibles y la más alta autoridad está en la verdad de las escrituras. Lutero dijo que somos justificados solo por fe y la veracidad de la escritura. Lutero ayudó al comienzo de la Reforma protestante. El entendió el mensaje de la palabra de Dios y prefirió amar más Su palabra que las filosofías de los hombres.

En el Salmo 19 encontramos a David estudiando la ley de Moisés.

El Salmos 19:7-11 dice: "La ley de Jehová es perfecta, que convierte el alma; El testimonio de Jehová es fiel, que hace sabio al sencillo. Los mandamientos de Jehová son rectos, que alegran el corazón; El precepto de Jehová es puro, que alumbra los ojos. El temor de Jehová es limpio, que permanece para siempre; Los juicios de Jehová son verdad, todos justos.
Deseables son más que el oro, y más que mucho oro afinado;
Y dulces más que miel, y que la que destila del panal.
Tu siervo es además amonestado con ellos;
En guardarlos hay grande galardón."

El salmista está leyendo la ley de Moisés específicamente el libro de Levíticos. Él está diciendo que el libro de Levítico es perfecto y renueva el alma. David encontró vida en la ley de Moisés. Cuando leemos profundamente la palabra de Dios encontramos vida. Nos interesamos y queremos aprender más. Hay personas que no encuentran interesante la lectura de la palabra porque no la entienden. Más bien es que no toman el tiempo para buscar la forma de entenderla. Si tú estudias un curso de Álgebra y no entiendes la materia usualmente tomas tutorías por la computadora o encuentras un tutor. De igual forma hay libros, concordancias, diccionarios, o en tu iglesia maestros que te pueden explicar la Biblia. Verás que cuando entres en la palabra allí hay gozo para tu corazón.

En el versículo diez del Salmo 19 dice: "deseables son más que el oro." David está comparando la palabra con el oro. ¿Tienes una idea de lo que los hombres harían para encontrar oro? En los Estados Unidos en tiempos pasados, muchas personas perdieron sus vidas viajando al Oeste en busca de oro. Gente dispuestas de dejarlo todo para encontrar oro; pero ¿que nos dice el salmista a nosotros? ¡Que este Libro sagrado es más deseable que ese oro! Pero ministro joven, el salmista nos dice que este libro sagrado es mas deseable que el oro. El Salmos 119:89 dice: "Para siempre, oh Jehová, Permanece tu palabra en los cielos." En hebreo el significado de "palabra" es la palabra de Dios esta fija, establecida en los cielos. Debe meditar, y fijar tus pensamientos en la palabra de Dios. La prioridad más grande en el ministerio debe de ser meditar en su palabra. Pasamos mucho tiempo predicando la palabra de Dios, pero cuanto tiempo pasamos estudiando la palabra de Dios. La meditación y el estudio de la palabra de Dios afectan nuestra manera de predicar. Un ministro que estudia y medita en la palabra cuando predica la palabra sale del corazón, se convierte viva y real porque es tu pasión y parte de quien tú eres. Pablo escribe estas palabra en Tito 2:1, "Pero tú habla lo que está de acuerdo con la sana doctrina." La única forma que podemos enseñar la sana doctrina es conociendo lo que dice la Biblia.

En el libro de Nehemías capítulo 8 el escritor nos narra la reacción del pueblo de Israel a escuchar la palabra. Israel había estado en el cautiverio por setenta años y nunca antes habían escuchado la Palabra de Dios. Para ellos fue una nueva experiencia. Ya el pueblo terminó la reconstrucción de Jerusalén. La ciudad estaba protegida. El estableció cantores para que experimentaran la alegría de su relación con Dios. Entonces llegó el momento de la lectura pública de la Palabra de Dios. Esdras, que era un escriba, fue llamado para llevar a cabo una lectura bíblica. Veamos lo que nos dice el capítulo 8:5-9

"Abrió, pues, Esdras el libro ante los ojos de todo el pueblo, pues estaba más alto que todo el pueblo; y cuando lo abrió, el pueblo entero estuvo atento. Bendijo entonces Esdras al Señor, Dios grande. Y todo el pueblo, alzando sus manos, respondió: ¡Amén! ¡Amén! y se humillaron, adorando al Señor rostro en tierra. Los levitas Jesúa, Bani, Serebías, Jamín, Acub, Sabetai, Hodías, Maasías, Kelita, Azarías, Jozabed, Hanán y Pelaía, hacían entender al pueblo la Ley, mientras el pueblo se mantenía atento en su lugar. Y leían claramente en el libro de la ley de Dios, y explicaban su sentido, de modo que entendieran la lectura. Entonces el gobernador Nehemías, el sacerdote y escriba Esdras y los levitas que hacían entender al pueblo dijeron a todo el pueblo: Hoy es día consagrado al Señor, nuestro Dios; no os entristezcáis ni lloréis; pues todo el pueblo lloraba oyendo las palabras de la Ley."

Imagínate el retrato de lo que está pasando aquí. Todo el pueblo se había reunido a la puerta de las Aguas, dentro de los muros de Jerusalén. Estaban de pie, escuchando la lectura de la ley sin sentarse para descansar desde el amanecer hasta el mediodía. Al escuchar cada uno desde su lugar la exposición de la Palabra, apenas se escuchaba algo que no se entendiera, inmediatamente era clarificado. Entonces comenzaron adorar inclinando sus frentes hasta tocar el suelo. Muchas de estas personas nunca habían escuchado la palabra de Dios. La lectura clara y la enseñanza de la ley les hicieron sentir una convicción profunda de su pecado. Y esto hizo brotar lágrimas de arrepentimiento. Después de despertar nuestra conciencia a la presencia del pecado, y de corregirnos, haciéndonos sentir la tristeza por habernos apartado de ella, debe producir en nosotros alivio, paz y alegría. Dios no quiere que usted tenga sólo un poco de alegría, sino que usted disfrute mucho leyendo Su Palabra, estudiándola.

Nosotros tenemos que amar más su palabra y estar firmes en ella más que las filosofías del mundo. Hay reglas Bíblicas y principios morales. No podemos ser complacientes con la condición espiritual de los hombres por temor de perderlos o de ser rechazados o no ser famosos. Tenemos que enseñar virtud a los hombres. Virtud es una disposición de cumplir las operaciones divinas y el ánimo y valor de seguir principios bíblicos morales. No podemos decirle al que está viviendo una vida de pecado. Tenemos que con amor enseñar y modelar. Declarar cuál es la vida que agrada a Dios. Fíjate que Pedro dice que tenemos que añadir a nuestra fe virtud. Después que creemos en Dios tenemos que vivir con otros principios. También cuando vivamos de una forma virtuosa tenemos que añadir conocimiento. Va en progreso. Muchos se quedan estancados en la fe y no están viviendo correctamente porque no aprenden virtud. Si no aprenden virtud no crecen en sabiduría. Si no crecen en sabiduría no llegan a tener dominio propio.

El mensaje para esta generación debe de ser uno de esperanza, avivamiento, reforma, restauración y preparación. Me acuerdo unos años atrás tuve un sueño donde vi un grupo de personas con instrumentos musicales caminando alrededor de la Iglesia. Cuando me desperté comencé a orar sobre el sueño y El Espíritu Santo me reveló el significado del sueño. La pregunta que yo tenía era, ¿por qué las personas no entraban a la iglesia? La revelación fue que muchos están adorando a un Dios desconocido y no entran a la profundidad del espíritu. Hay una diferencia en caminar alrededor del santuario y entrar a dentro al lugar santísimo. Es bueno preparar eventos que atraigan a la juventud. Es necesario tirar la red de evangelismo, pero después de la campaña, convenciones, retiro y programas estamos viendo que los jóvenes no se están quedando en las iglesias o vienen por poco tiempo y después se van. Esto indica que estos jóvenes caminaron alrededor del templo pero no entraron adentro. Hay que crearles conciencia a las personas que después de estos eventos que avivan y nos llenan, nuestro trabajo no termina. Tenemos que continuar buscando. No es el fin del proceso es el principio del proceso en sus vidas. La vida cristiana no es una convención. Hay retos reales diarios. El enemigo va a esperar que te de hambre en el desierto como a Jesús para ofrecerte posiciones, fama, dinero (Mateo 4). El va a tratar de quitarte el enfoque y convicción de lo que Dios te llamó a hacer. Dios quiere fortalecer al joven de tal forma que pueda decir como Jesús dijo: "Vete, Satanás, porque escrito está: Al Señor tu Dios adorarás, y a él solo servirás".

Es necesario que cada iglesia desarrolle un programa de crecimiento para los jóvenes donde ellos sean transformados de ser amadores del mundo a amadores de la Palabra. Creo que el ministro joven debe de sentir la necesidad de ir a donde Dios quiera. Que no se deje llevar por los ojos sino que sea movido por el Espíritu Santo al lugar donde Él lo quiere. Quizás el Señor te envía a una Iglesia pequeña con la necesidad de un ministro joven. Una Iglesia donde no tienen muchas finanzas o recursos y tendrás que ser creativo para ayudar a levantar ese ministerio en esa Iglesia o en cualquier otro ministerio. Años atrás me ofrecieron ser pastor de jóvenes a tiempo completo en una Iglesia que tenía como cien jóvenes. Yo llegué a mi casa entusiasmado para contarle a mi padre que conseguí una Iglesia que me iba emplear como pastor de Jóvenes.

En esa misma semana otra Iglesia que estaba comenzando me llamó para ofrecerme ser el pastor de los jóvenes. Ellos solo tenían como diez jóvenes y no era a tiempo completo.

Yo estaba listo para ir a tiempo completo a la iglesia que tenía los cien jóvenes, pero mi padre me dijo una palabra que cambió mi decisión. El simplemente dijo, "¿eso será lo que Dios quiere para tu vida en estos momentos?" Dentro de mí, el Espíritu Santo puso la inquietud de ir a ayudar la Iglesia que solo tenía diez jóvenes. Estuve con ellos 4 años antes de abrir una Iglesia en Ocoee, Florida y Dios premió mi obediencia con darnos una juventud llena de talentos y amor a la obra de Dios en esos cuatro años. Pasamos trabajo, teníamos muy pocos recursos, pero Dios nos ayudó en todo.

El enfoque que Dios puso en mi corazón es el no ser amadores de lo que vemos con nuestros ojos, o cuán grande sean las oportunidades, sino que hagamos lo que Dios quiere. Eso es ser amadores de su palabra. Ser personas que solo queramos que cada joven, hombre y mujer conozcan a Jesucristo.

Si queremos personas que permanezcan firmes en su llamado, debemos entender que esto solo se logra a través de una relación personal con Dios. Por lo tanto no se logra a través del emocionalismo o por lo que uno ve con sus ojos. Ser personas dispuestas a ir donde Dios nos envíe sin considerar las oportunidades dejadas atrás, pues lo más importante es que las Buenas Nuevas sean predicadas en lugares donde se necesiten.

El mensaje predicado a esta generación tiene que ser claro para que cada uno entienda que ellos tendrán que luchar cada día alineando sus pensamientos al propósito de Dios. Que solo a través del Espíritu Santo podremos vencer. Amar su palabra es tener un avivamiento personal que no depende de cosas exteriores sino de cómo Dios está obrando en nuestro interior. El ser guiados como Felipe lo fue al predicar al Etíope y ver la salvación del Señor sobre las vidas (Hechos 8:26). Tu avivamiento personal está en cumplir la comisión que Dios te ha dado. Aunque vengan momentos de desánimo no te apartes de lo que Él te llamó hacer. Eso es lo que te mantendrá vivo. En esos momentos enciérrate en tu habitación, adora a Dios, y exalta su Santo Nombre. Ama esa palabra que El te dio.

Charles Finney dijo en una ocasión que el avivamiento es cuando la gente de Dios renueva su obediencia a Dios. Charles H. Spurgeon comenzó predicando en las calles, Oral Roberts, comenzó predicando en cabañas, D.L. Moody comenzó a predicar a los veintiún años de edad. Todos tenían una cosa en común. Ellos aceptaron el desafío de ir a donde Dios los mandara. No les interesaba grandeza propia sino solo predicarles a las almas y ver la salvación del Señor.

El mensaje que debemos de predicar debe de ser paralelo a lo que El Espíritu Santo le está dando a la Iglesia en este tiempo. Si no lo hacemos así será una sentencia de muerte para esta generación. ¿Qué pasará si ignoramos la voz del Señor y no predicamos en las calles, o tocamos puertas en nuestro vecindario o vamos a las escuelas y solo estamos pendientes de que nos inviten a predicar en convenciones o iglesias grandes? ¿Qué pasará si formamos jóvenes que dependen de la próxima convención o campaña para que tengan un avivamiento en sus vidas? Sencillamente, no avanzaremos en nada.

Cuando Jesús estaba en Getsemaní (Mateo 26:36) y le pidió a sus discípulos que velaran con Él, ellos se quedaron dormidos. Cuando Él estaba predicando y los milagros ocurrían todo estaba bien. Ahora, en un momento oscuro se quedaron dormidos. No te duermas en el momento donde más tienes que orar, trabajar y moverte donde Él te ponga.

En el antiguo testamento encontramos reyes que Dios levantó desde su juventud. Joas (2 Crónicas 24) comenzó a reinar a los siete años. Amasias a los 25 años, Uzias a los 16 años, Jotam a los 25 años, Acaz a los 25 años, Ezequías a los 25 años, Manasés a los 12 años, Amón a los 22 años, Josías a los 8 años, Joacim a los 25 años, Joaquín a los 8 años, y Sedequías a los 21 años. El libro de Crónicas especifica la edad que estos niños y jóvenes llegaron a reinar.

Quiero hablar un poco de lo que es un rey y la responsabilidad de ser un rey. También quiero señalar algunos éxitos y derrotas de algunos de estos reyes.

Un Rey es un monarca o príncipe soberano de un reino. Un rey es responsable por velar por todo los territorios de su reinado. El rey guía al pueblo en tiempos de guerra y paz, escases y abundancia. Un rey debe de tener buen juicio para tomar decisiones que a veces son de vida o muerte. El rey vela por la estructura del pueblo, finanza, y aun el aspecto espiritual. Es una responsabilidad que se puede comparar a ser un presidente de una nación hoy en día.

Estos jóvenes que mencionamos en el tiempo de los Jueces eran reyes a temprana edad. Ellos tenían que tomar esa responsabilidad con grande seriedad. En el ministerio tendrás que velar por la vida espiritual de aquellos que Dios te pone a tu alrededor, organizar eventos, crear sistemas y mucho más. Es una grande responsabilidad. Todo llamado trae su desafío. Cuando conseguí mi primer trabajo fue en un Hospital, Shand Hospital en Gainesville, Florida. Lo primero que la supervisora me dijo fue, espero que llegues a tiempo y trabajes fuerte todos los días. Yo llegaba a tiempo y trabajaba fuerte todos los días. Si no le mostraba interés a mi trabajo, buscarían a otro que tuviera el interés. Creo que si lo hacemos para trabajos para ganar una vivienda aquí en la tierra debemos de ser responsables con la obra del Señor porque Él nos dará nuestra vivienda en el reino de los cielos. En el libro de Crónicas vemos una lista de Reyes que Dios llamó en su juventud. Cada vez que estos reyes seguían la instrucción de Dios eran prosperados. Por ejemplo, Abías fue victorioso sobre Jeroboam, Asa venció a los etíopes. Otros reyes cuando vieron el favor de Dios sobre sus vidas y fueron prosperados perdieron la sencillez de corazón y comenzaron a tomar otros dioses. Reyes como Joás tan rápido como fue prosperado fue derrotado.

Si somos prosperados en nuestros ministerios es por Dios y su favor. No somos nosotros. Tan pronto te olvides de esto comenzarás a caminar un camino peligroso en tu vida espiritual. Debes de examinar tu corazón y preguntarte ¿estoy cuidando y siendo responsable con el llamado de Dios a mi vida? ¿Podrán los que Dios ha puesto a tu alrededor en el servicio depender de ti? Estas preguntas no solo toca tu vida espiritual sino también tu carácter. No puedes ser una persona de doble ánimo donde comienzas un proyecto y nunca lo terminas o llegas tarde, sin prepararte espiritualmente, y sin organizarte. Esto al final muestra tu poco interés y que no le estás dando valor a lo que haces. Jesús en los 3 años y medio que estuvo caminando sobre la tierra mantuvo su enfoque a lo que Él vino hacer. El Evangelio de Lucas 4: 18-19 dice: "El Espíritu del Señor está sobre mí, por cuanto me ha ungido para dar buenas nuevas a los pobres, me ha enviado a sanar a los quebrantados de corazón, a pregonar libertad a los cautivos, y dar vista a los ciegos a poner en libertad a los oprimidos; a predicar el año agradable del Señor."

Yo llamo a esto la declaración de misión de Jesús. Él hizo exactamente eso, sanó enfermos, libertó los oprimidos y predicó la buena noticia (el Evangelio). Sí, verás unos tiempos más fructíferos que otros, pero debes mantenerte enfocado y no dejar de trabajar. Mantenerte en curso.

Santiago 1:8 dice: "El hombre de doble ánimo es inconstante en todos sus caminos."

Si Él te llamó a cantar, sigue cantando; a predicar, sigue predicando, e enseñar, sigue enseñando, a evangelizar, sigue evangelizando, a pastorear, sigue pastoreando. Lo importante es que mantengas tu enfoque. Tu carácter es formado en la fe y firmeza que tú muestras en las promesas de Dios.

Tu carácter y el mío deben reflejar el carácter de Cristo:

1. *Otros deben de poder confiar en ti.* La palabra confiar implica encargar o poner al cuidado de uno un negocio u otra cosa. Si eres encargado de algo la persona que te encargó ese trabajo puede irse a su casa con la certeza que tú vas a cumplir con tus responsabilidades.

2. *Debes demostrar tener un corazón de servicio.* Si eres una persona que te molesta recibir instrucciones entonces lo que estás demostrando es insubordinación. Eso es una actitud que no demuestra el carácter de

Cristo que se sometió en obediencia a la cruz. Todo lo que hagas hazlo para el Señor con una buena actitud.

3. *Debes de ser puntual.* La puntualidad es importante para mí. Enseña el valor que uno le pone a sus responsabilidades. Una persona que no es puntual se ve como alguien desorganizado y con falta de preparación para el programa.

4. *El joven ministro debe de enseñar su compromiso al llamado.* Oral Roberts hizo un compromiso con Dios y le dijo a Dios; yo nunca tocaré el oro o tu Gloria. El tenía una junta que bregaba con las finanzas del ministerio y él siempre comenzaba sus cruzadas diciendo yo no sano, Dios es el que sana. El quería demostrar que su compromiso no se basaba en las finanzas o en la fama, sino en predicar este glorioso Evangelio. Joven, el obrero es digno de su salario, pero más importante

que tener una cuota para ir y ministrar en los diferentes lugares, es poder ser dirigidos por El Espíritu Santo a ese lugar. El dinero no debe de ser un factor para tu compartir el mensaje que Dios te dio. Creo que es importante crear conciencia donde vayas a ministrar, pero si Dios te envió Él se encargará de suplir tus necesidades financieras.

5. *El joven ministro debe de estar dispuesto a aprender y a ser corregido.* No puedes tener una actitud de que lo sabes todo. Debes poder recibir instrucción de otros. El libro a los Hebreos 12:5-6 dice: "Hijo mío, no menosprecies la disciplina del Señor, Ni desmayes cuando eres reprendido por él; Porque el Señor al que ama disciplina, y azota a todo el que recibe por hijo. Si soportáis la disciplina, Dios os trata como a hijos…" Lo que demuestra que somos hijos es que recibamos la instrucción de nuestros padres. Esta instrucción puede venir a través de nuestro pastor, padre, o mentores que Dios ha puesto a nuestro alrededor.

6. *El Joven ministro debe de ser transparente.* Tus intenciones deben ser claras. Cuando el Señor me llevó a la cuidad de Ocoee a comenzar la

iglesia que pastoreo, desde un principio el pastor de la iglesia donde yo era el co- pastor sabía que yo estaba allí por un tiempo. Para mí fue bien importante que él conociera lo que Dios estaba poniendo en mi corazón. Le aseguré que yo iba a un lugar donde no tenían iglesia. Quise ser claro y guardar mi testimonio.

7. *El Joven ministro debe de consagrar su vida.* En 2 Crónicas 29, la Biblia habla del rey Ezequías. El tenía 25 años cuando comenzó a reinar. Ezequías quería restaurar la casa de Jehová. Comenzó con los Sacerdotes y Levitas. Levantó la importancia de santificar y sacar toda inmundicia de la casa de Jehová. ¡Qué ejemplo, que este rey joven decidió que lo más importante en su reinado era la santidad de la casa de Jehová! Que nosotros también le pongamos esa misma importancia a la casa de nuestro corazón.

Que como ministros jóvenes seamos amadores de la verdad. El avivamiento personal está en nuestro corazón y no depende de lo que nosotros pensemos que sea un ministerio exitoso. Ezequiel comenzó santificando la casa trayendo la importancia de tener una vida de Adoración. Él no lo hizo de cualquier manera sino conforme a las palabras de Jehová. Dios no escucha cualquier alabanza. El no recibe la alabanza que hacemos por tradición, costumbre u obligación.

Dios recibe la alabanza y la adoración de hombres con corazones contritos y humillados. Aquellos que se han dedicado a sacar toda inmundicia de su casa. La inmundicia se define como suciedad, basura, impureza, y deshonestidad. La mundanalidad aunque no es un término escritural, es un concepto que se ve en la Biblia (Santiago 4:4, 1 Juan 2:15-16). Toda contaminación debe de ser sacada del templo. Estoy hablando lo que ves, como hablas, lo que escuchas, actitudes, pensamientos.

Santiago 4:4 dice: "¡Oh almas adulteras! ¿No sabéis que la amistad del mundo es enemistad contra Dios? Cualquiera pues, que quiera ser amigo del mundo, se constituye enemigo de Dios."

¿Qué es ser amigo del mundo? Para mí es tomar la identidad del sistema del mundo. Es creer y practicar las filosofías que están alejando a esta humanidad de Dios. No tenemos que imitar al mundo para que el hombre venga a Cristo. Tenemos que enseñarle al mundo la diferencia. Nuestro hablar, nuestra actitud, y aún nuestros negocios personales deben de ser diferentes. La iglesia no se puede copiar de como son los artistas del mundo o como el mundo corre sus negocios. El mundo debe de ver la luz y la diferencia en la Iglesia de Cristo.

1 Juan 2:15-17 dice: "No améis al mundo, ni las cosas que están en el mundo. Si alguno ama al mundo, el amor del Padre no está en él. Porque todo lo que hay en el mundo, los deseos de la carne, los deseos de los ojos, y la vanagloria de la vida, no proviene del padre, sino del mundo. Y el mundo pasa y sus deseos; pero el que hace la voluntad de Dios permanece para siempre."

Me gusta la parte que dice todo lo que hay en el mundo (el sistema del mundo) …no proviene del padre. No tenemos que buscar nada del mundo sino de Dios. Que El nos de la creatividad para alcanzar las almas. No podemos vivir una doble vida. No vas a prosperar hasta que consagres tu vida.

Ministro joven, Él te llamo y te quiere usar, pero el peso de gloria solo viene sobre ti cuando consagres tu vida al Señor. Ezequiel 29:11 dice: "Hijos míos, no os engañéis ahora, porque Jehová os ha escogido a vosotros para que estéis delante de él y le sirváis y seáis sus ministros y le queméis incienso." No hagamos las cosas porque están a la moda, sino que todo lo que hagamos asegurémonos que esté en el mover del Espíritu Santo en ese tiempo. No comprometamos su palabra sino seamos amadores de su verdad.

El ser responsable, consagrados, y el ser íntegro da un testimonio bueno de que amamos la palabra de Dios. Ahora, ¿cómo un joven puede amar algo que no conoce bien?

Puntos importantes para recordar...

Amador de Su Palabra

1. Muchos están adorando a un Dios desconocido.
2. Es necesario que cada iglesia desarrolle un programa de crecimiento para los jóvenes.
3. Tu avivamiento personal es poder cumplir la comisión
4. que   Dios te ha dado.
5. El ministerio trae una grande responsabilidad que se
6. debe tomar en serio.
5. Hazte la pregunta, ¿podrán los que Dios ha puesto a mi
6. alrededor depender de mí?
7. Tu carácter debe reflejar el carácter de Cristo.

Oración

Dios dame las fuerzas para vivir la vida dirigida por ti. Que pueda seguir tus propósitos cueste lo que me cueste aunque tenga que dejar oportunidades que me convienen, pero no es lo que tú quieres para mí. Tus propósitos son mejores, Tus caminos son mejores. Que pueda entender esto en todo momento. Amén.

Capítulo 11

AVIVAMIENTO PERSONAL

"Urgentemente necesitamos un avivamiento de santidad personal. Hombres santificados son la sal de Dios para esta sociedad." —Charles Haddon Spurgeon

"Lo que necesitamos ahora es un avivamiento de santidad. Un avivamiento de carácter. Un avivamiento de gente que sean dados y preparados para rendir sus vidas en el altar para Dios." — Leonard Ravenhill

"Los avivamientos son un nuevo comienzo de Obediencia a Dios"—Charles G. Finney

"Oh Jehová, aviva tu obra en medio de los tiempos, en medio de los tiempos hazla conocer;"—Habacuc 3:2

En la película Narnia basada en el libro escrito por C.S. Lewis, uno de los niños miró la estrella y pregunto: "¿De qué está hecha una estrella?" Y uno de los personajes más sabios de la película contesto: "una estrella se compone de fuego de gas, pero no es eso una estrella". Lo que quiso decir el hombre sabio es que una estrella nace con un propósito. Las cosas que ocurren, tienen un propósito. Por ejemplo la estrella de Belén que vieron los Reyes Magos. Esa estrella quizás se componía de fuego de gas pero no fue creada para eso. Fue creada para guiar a los reyes magos al niño Jesús El Salvador del mundo.

Nosotros fuimos creados para alumbrar el camino hacia el Mesías. Jesucristo mismo lo dijo en Mateo 5:14-16 "Vosotros sois la luz del mundo; una ciudad asentada sobre un monte no se puede esconder. Ni se enciende una luz y se pone debajo de un almud, sino sobre el candelero, y alumbra a todos los que están en casa. Así alumbre vuestra luz delante de los hombres, para que vean vuestras buenas obras, y glorifiquen a vuestro Padre que está en los cielos."

En Josué capítulo dos nos habla de una mujer que se llamaba Rahab que escondió a dos espías que Josué había enviado para explorar la tierra. Ella los escondió porque había escuchado sobre los milagros que había hecho Dios con los Israelitas. Ella sabía que Dios estaba con ellos. Queremos que el mundo sepa que Él está con nosotros. Pues cada persona tiene que buscar un avivamiento personal.

Creo que cuando pensamos en avivamiento, a veces nuestra mente imagina grandes multitudes clamando al Señor. El enfoque de un avivamiento personal no es uno de afuera para adentro sino de adentro para afuera. Me explico, creo que un avivamiento personal tiene que ver con obtener cambios personales en nuestras vidas. Cambios en nuestro carácter. Disposición de servir, no a nuestra manera, sino alineado con lo que dice la Biblia. Es importante que el ministro busque avivamiento personal en su vida. No podemos adoptar la actitud de que no podemos seguir siendo cambiados en áreas de nuestra vida que necesitan ser tocadas por Dios.

Aun antes de nacer una nación como los Estados Unidos y el congreso continental, escribir la Declaración de Independencia se realizó un día de ayuno y oración. Este día fue citado por el Congreso Continental en Mayo 17,1776. Cada avivamiento sea nacional, local o personal ha comenzado con oración. Cuando el hombre es iluminado, a través de la Biblia en algo que está fallando, debe de venir un momento de oración.

La palabra avivar en el hebreo es "haya" que significa volver a la vida. Así que, otra forma de mirar un avivamiento personal es revivir partes de nuestro carácter que no están andando según la santidad de Dios establecida en su palabra y revelado por Espíritu Santo.

Hay tres avivamientos en la historia de la Iglesia que quiero mencionar:

1. *El Avivamiento de Welsh 1904-1905*: aquí fue donde la nación completa fue transformada en meses. Comenzó con el avivamiento personal de Evan Roberts. El sintió una carga por las almas de su nación. Evan Roberts oró día y noche para que Dios le diera 100,000 almas que se salvaran. El dijo, "Tienes que ponerte completamente a la disposición del Espíritu Santo."

2. *El Avivamiento Hebridean 1949-1952*: El Espíritu Santo descendió sobre comunidades completas. La presencia de Dios era tan tangible que las personas al salir de sus casas se arrodillaban llorando bajo la convicción de pecado. Esto también comenzó con avivamiento personal de un hombre con el nombre de Duncan Campbell que oraba día y noche por las almas. Duncan Campbell dijo que el 75% de las personas aceptaban al Señor antes de llegar a sus reuniones.

3. *El Avivamiento Evangelístico 1739-1791*: Este avivamiento cambió el carácter de la nación y transformó cada aspecto de la sociedad. Este avivamiento comenzó con las oraciones de tres personas: John Wesley, Charles Wesley, and George Whitefield. El 25% de la población dieron sus vidas a Jesucristo.

El avivamiento personal no es tres días de campaña donde vienen multitudes, son cambios personales que dan frutos como en el Avivamiento de Welsh, Hebridean, y el Evangelístico. El avivamiento personal no es evangelismo. El evangelismo es llevar las buenas nuevas. Pero el avivamiento es nueva vida. En el evangelismo el hombre esta trabajando para el Reino de Dios; pero cuando hay un avivamiento es Dios trabajando a favor del hombre.

Cuando no hay avivamiento personal en nuestras vidas le damos lugar al desánimo, frustraciones, y aun a raíces de amargura. David declara en el salmo 85:6, "¿Nos avivarás nuevamente para que tu pueblo se goce en ti?" Sin avivamiento personal el gozo se va de nuestro servir. Se convierte en una carga ayudar a los demás.

Uno de los retos para obtener un avivamiento personal son los conflictos. Experiencias que endurecen nuestros corazones y nos quitan el ánimo de ayudar a nuestros semejantes y servirle a Dios. Jesús mismo cuando habló de los últimos tiempos en Mateo 24:12 dice: "y por haberse multiplicado la maldad, el amor de muchos se enfriará." Creo que tenemos que darnos cuenta que Dios no es la causa de nuestra aflicción. Él no es el causante de hambres, pestes, terremotos... sino el pecado y la maldad que está en el mundo. Los conflictos no ocurren porque Dios está enojado contigo. Es el pecado que está en el mundo. Los hombres a veces ofenden y nos duele pero Dios no es la causa de eso sino son las malas decisiones de los hombres y cuando se dejan llevar por las tendencias de la carne. Ahora, Dios aun toma esos conflictos y aun malas experiencias y los usa a nuestro favor aunque no lo veamos en el momento.
Romanos 8:28 dice: "y sabemos a los que aman a Dios, todas las cosas les ayudan a bien, esto es, a los que conforme a su propósito son llamados."

Dios es amor y no nos va a dar piedra por pan. Estamos viviendo en la dispensación o tiempo de la gracia y no de juicio. En la gracia de Dios la venganza no es permitida sino el perdón. Conflictos comienzan en el corazón.

No podemos dejar que los conflictos, las malas experiencias, y las aflicciones sirvan como obstáculos para buscar un avivamiento personal en nuestras vidas.

En Hechos 20:19 Pablo dijo: "Sirviendo al Señor con toda humildad, y con muchas lágrimas, y pruebas que me han venido por la asechanzas de los Judíos…" Un avivamiento personal nos hace servir al Señor aun con lágrimas en nuestros ojos.

Ester

Después que los persas capturaron, derrotaron y reemplazaron el imperio babilónico, los judíos exiliados se transfirieron a Persia. La capital Susa, es donde la historia de Ester ocurre durante el reinado de Asuero. La importancia de la historia de Ester es que no solo salvó a su pueblo de la destrucción, sino que también aseguró su protección y respeto en una tierra extranjera. Ella no pudo haber hecho todo esto sin un avivamiento personal. El Rey Asuero estaba celebrando una fiesta para enseñar las riquezas y la gloria de su reino. Ester 1:12 menciona que Asuero llamó a Vasti para la corte del rey, pero ella no quiso venir. Él quería enseñarle al pueblo la belleza de su reina. Pero ella se negó. Dios quiere enseñar que somos vasos de honra. Él quiere llamarnos a su presencia, pero muchas veces nos negamos porque somos vagos, mediocres, o alegamos no tener tiempo. Un avivamiento personal ocurre cuando nos oponemos a la carne y la sometemos a la voluntad del Rey. Vasti perdió su posición en la corte por su falta de obediencia al rey.

Ester fue una de las doncellas escogidas para ser presentada al rey Asuero. Cuando llegó el tiempo de los atavíos, Ester podía haber escogido las prendas más preciosas que ella quisiese a su gusto.

La Biblia dice en Ester 2:15 que ella solo procuró lo que Hegai, el eunuco del rey, le dijo que se pusiera. Ester buscó agradar al rey. Ella no quería ponerse los atavíos que le gustaban a ella, sino los que le gustaban al rey. Que tremenda enseñanza que en nuestro avivamiento personal nosotros busquemos lo que la agrada a Dios y no nuestros propios gustos. Entró en la corte del rey una mujer común y salió de la corte del rey una reina. Yo oro a Dios que cuando salgas de la presencia de Dios sea con nuevas fuerzas para continuar tu misión.

Ester fue escogida como reina. Dentro de la historia de Ester vemos que unos de los príncipes, Amán comenzó a tramar la destrucción de los judíos. Mardoqueo uno de los parientes de Ester le dejó saber la trama de Amán hacia los judíos. Mardoqueo no se quiso arrodillar delante de Amán por su lealtad a Dios. Y Amán se enojó y quería humillar a todo los judíos. Mardoqueo sintió que era la voluntad de Dios que Ester interviniera antes que Amán pudiera lograr la destrucción de los judíos. Ester no podía entrar en la corte del rey a menos que él la llamara o podría tener sentencia de muerte. Ester 4:15-16 dice: "Y Ester dijo que respondiesen a Mardoqueo: Ve y reúne a todos los judíos que se hallan en Susa, y ayunad por mí, y no comáis ni bebáis en tres días, noche y día; yo también con mis doncellas ayunaré igualmente, y entonces entraré a ver al rey, aunque no sea conforme la ley; y si perezco, que perezca."

¿Qué hizo Ester para entrar en la presencia del rey? Ayunó y oró. Una práctica importante para obtener un avivamiento personal es ayunar y orar. Dios le dio gracia delante del rey Asuero, el cual le concedió todo lo que ella quería. El ayunar y orar nos da un enfoque mayor en Dios y en lo que tenemos que llevar a cabo en nuestra vida.

Daniel ayunó por veintiún días y estuvo dispuesto a entrar en el foso de los leones antes de perder su lealtad para con Dios. Sus amigos Sadrac, Mesac y Abed-nego entraron en un horno de fuego antes de perder su lealtad para con Dios. Que tú pierdas un poco de sueño y pases trabajo no quiere decir que estás en derrota.

Daniel como Ester vivió en un lugar extranjero. Él vivió durante el tiempo del cautiverio de los Babilónicos profetizado por Jeremías (setenta años). El Rey Nabucodonosor quería integrar algunos jóvenes judíos para estar en su palacio para que le enseñaran el lenguaje y la cultura judía. El rey quería que ellos comieran de su porción. Ahora Daniel, Sadrac, Mesac, y Abednego querían comer legumbres y agua. Ellos no querían contaminarse con la forma de comer o vivir de los Babilónicos. El eunuco del rey Melsar no quería tomar el riesgo de que ellos se enfermaran. Así que, Daniel le lanzó un reto de diez días. Melsar miraría sus rostros después de diez días y lo compararía con el rostro de los demás. Estos jóvenes estaban llenos del

Espíritu Santo. Se puede notar el avivamiento personal que ellos tenían por sus acciones. Cuando sientes que necesitas un avivamiento te aconsejo que tomes este reto que te voy a presentar. El reto de los diez días

Yo quiero lanzarte un reto de diez días. La sociedad en la cual nosotros vivimos es tan demandante y también hay muchas distracciones. Tenemos televisión, Wii, Play Station, juegos de afuera y de adentro. Yo quiero que te imagines diez días sin prender la televisión o jugar juegos, en ninguna otra distracción. Simplemente por la mañana y también después de tu trabajo, levántate, ora, lee la Biblia, congrégate y descansa. Hazlo por diez días y experimenta a ver si no te vas a sentir mejor. Es importante que varias veces durante el año hagas exactamente eso, si quieres tener un avivamiento personal.

En el libro de Daniel 1:17 dice: "A estos cuatro muchachos Dios les dio conocimiento e inteligencia en todas las letras y ciencias; y Daniel tuvo entendimiento en toda visión y sueños." Dios usó a Daniel por el resto de su vida. Si tú practicas el avivamiento personal Dios también te usará por el resto de tu vida. Te dará inteligencia y entendimiento y vas a ser efectivo usando los dones del Espíritu que Él te dio.

El profeta Jeremías, era hijo de un sacerdote que fue testigo de las invasiones babilónicas a Judá. Era conocido como el Profeta llorón, fue un hombre con un mensaje severo y un corazón sensible y quebrantado. Constantemente quería darse por vencido. No era fácil ver la decadencia del pueblo y ver que ellos no recibían el mensaje de Dios. Jeremías 18 relata la visión que Jehová le da a Jeremías en La Casa del Alfarero. Este moldeaba una vasija de barro y como no era adecuada la quebrantó. La falta de consagración en nuestra vida puede frustrar su propósito en nosotros. Pero Dios tiene el poder para hacernos de nuevo si nosotros abrimos nuestro corazón y dejamos que Él nos ministre. Jeremías sentía el fuego del Espíritu Santo en su vida que no lo dejaba rendirse. Jeremías 20:9 dice: "Y dije: No me acordaré más de él, ni hablaré más en su nombre; no obstante, había un fuego en mis huesos; traté de sufrirlo, y no pude."

Aún desde el principio de su ministerio, Dios fue claro con Jeremías y le dijo "Y pelearán contra ti, pero no te vencerán; porque yo estoy contigo, dice Jehová, para librarte".

En el libro de Hageo capítulo 1 Dios mueve al profeta a decirle al pueblo de Israel que salieran de sus casas artesonadas. Deja de pensar en ti, en tu ministerio, en lo que deseas hacer y deja que su Santo Espíritu te guíe a la victoria. No eres tú, no es para ti, es para Él. Hageo 1:7-8 dice: "Así ha dicho Jehová de los ejércitos: Meditad sobre vuestros caminos. Subid al monte, y traed madera, y reedificad la casa; y pondré en ella mi voluntad, y seré glorificado, ha dicho Jehová."

Basado en estas palabras quiero darte cinco claves para que puedas experimentar un avivamiento personal:

1. *Confiesa tus pecados.* En el ministerio se reciben ofensas que tienden a mantener raíces de amargura en nuestro corazón contra nuestros ofensores. Mateo 5:48 dice: "Sed, pues, vosotros perfectos, como vuestro Padre que está en los cielos es perfecto." Jesús nos dice que Él es nuestra medida y no los principios de este mundo los que nos gobiernan. No podemos seguir viviendo como antes sino que tenemos que desear cada día el ser más como Cristo. La humildad es el camino a la santidad personal.

2. *Medita sobre tus caminos.* Cada decisión que tomes, procura no ser egoísta y pensar solamente en lo que puedas beneficiarte. Filtra todo en oración para que estés claro en las acciones que vas a tomar.

3. *Vence la fatiga Espiritual.* Sube al monte y trae madera y reedifica. Una persona que constantemente está renovando sus fuerzas en oración y ayuno vence la fatiga espiritual. En el libro de Efesios 6:10-20, nos habla que nuestra lucha no es contra carne y sangre, sino contra principados, contra potestades, contra los gobernadores de las tinieblas de este siglo y Dios nos da la autoridad sobre ellos. Mantente en una posición espiritual de poder.

4. *Vence la fatiga física.* Sé paciente. En el libro de Lucas 10:38-42 nos habla de Marta que se encontraba trabajando y sirviendo mientras María se encontraba a los pies de Jesús escuchado Palabra. Marta se quejó porque se sentía cansada sin ayuda. Jesús le dice en el verso 41-42 "Marta, Marta, afanada y turbada estás con muchas cosas. Pero solo una cosa es necesaria..." Debemos de hacer lo que es necesario, no podemos hacerlo todo a la misma vez. Tenemos que aprender a ser pacientes y darle prioridad a lo más importante.

5. *Actúa solo sobre la base de la Palabra.* Debes de descansar y solo moverte en las cosas que Él te diga. Muévete y echa la red solo cuando Él te mande. Confía que en su palabra y no en tus esfuerzos vas a poder ver resultados. Jesús tuvo que separarse de la multitud y descansar. No dejes que otros te hagan sentir culpable por tomar un tiempo para buscar nuevas fuerzas.

El avivamiento no es un milagro sino es regresar a ser obedientes a la palabra de Dios. Cuando te mantienes en la palabra te dara las Fuerzas para continuar en la misión.

Puntos importantes para recordar...

Avivamiento Personal

1. El enfoque de un avivamiento personal no es uno de afuera para adentro, sino de adentro para afuera.
2. No podemos adoptar una actitud de que ya somos perfectos o que no podemos seguir cambiando en las áreas de nuestras vidas que necesitan ser tocadas por Dios.
3. La palabra arrepentirse significa tener un cambio de mente.
4. El avivamiento personal no son tres días de campaña... son cambios personales que dan frutos.
5. El evangelismo es llevar la buenas nuevas, pero el avivamiento es nueva vida.
6. Cuando no hay avivamiento personal en nuestras vidas damos lugar al desánimo, la frustración, y a las raíces de amargura.
7. Dios no es la causa de tu aflicción, sino la fortaleza durante la aflicción.
8. Una práctica importante para un avivamiento personal es el ayuno y la oración.

Oración

Dios mío te amamos y deseamos buscarte todos los días de nuestra vida. Queremos conocerte cada día más, acercarnos a la verdad y prepararnos para el día de tu venida. Amén.

Capitulo 12

CONQUISTANDO
Y EXTENDIENDO EL REINO

"Vive un día a la vez y cada momento para Dios. No pienses en una vida de santidad porque eso te ahogará por su inmensidad, sino piensa que una vida santa es una serie de momentos santos."- Rick Orsini

"Depender de Dios, es como comenzar de nuevo cada día, como si nada hubiese pasado." C.S Lewis

"Esfuerzos continuos--- no fuerza o inteligencia--- es la llave para abrir nuestro potencial." -Winston Churchill

"Ahora, pues, ninguna condenación hay para los que están en Cristo Jesús, los que no andan conforme a la carne, sino conforme al Espíritu."- Romanos 8:1

Era Marzo 20, 1775 las colonias estaban al borde de La Revolución Americana pero todavía había unos cuantos que necesitaban ser convencidos. Se encontraba Patrick Henry en una iglesia vieja hablando con representantes del congreso continental y en una de sus declaraciones dijo:

"La batalla, señores, no solo es para los fuertes; es para los vigilantes, activos, los valientes," y después esa famosa frase... "dame libertad o dame muerte" nadie aplaudió los efectos eran muy profundos. Solo se levantaron uno por uno diciendo, - "A las Armas"

No fue lo mismo que dijo Pablo, "Para mí el vivir es Cristo y el morir es ganancia." Filipenses 1:21

A los de Corintios (5:1) dijo: "Porque sabemos que si nuestra morada terrestre, este tabernáculo, se deshiciere, tenemos de Dios un edificio, una casa no hecha de manos, eterna, en los cielos."

Pablo anhelaba conquistar el reino de los cielos. Tú y yo no podemos perder de vista que nosotros somos ganadores de almas, pero también somos llamados a conquistar el reino.

Mateo 11:1-19 nos presenta la historia de cuando Juan el Bautista se encontraba en la cárcel y él envió unos mensajeros que le preguntaran a Jesús si Él era el Mesías. Jesús le dijo: "Id, y haced saber a Juan las cosas que oís y veis. Los ciegos ven, los cojos andan, los leprosos son limpiados, los sordos oyen, los muertos son resucitados, y a los pobres es anunciado el evangelio." Entonces habla de que Juan el Bautista fue escogido para preparar el camino, y que no había ningún hombre mayor que Juan el Bautista. En el verso 12 dice: - "el reino de los cielos sufre violencia, y los violentos lo arrebatan."-

En otras palabras, el que quiere conquistar el reino tiene que dejar que la palabra rhema penetre tan fuerte en su corazón que se levante y diga: -"a las armas"-

El reino de Dios es eterno, no tiene límites. Juan tuvo una visión sobre el reino en Apocalipsis 21:4 que dice:

"Y limpiará Dios toda lágrima de los ojos de ellos; y la muerte no será más; y no habrá más llanto, ni clamor, ni dolor: porque las primeras cosas son pasadas."

Cuando Jesucristo declara que el reino de los cielos se ha acercado Él está hablando del poder divino en acción. Por eso caminó sobre las aguas, reprendió tormentas, demonios, sanó enfermos porque operaba bajo otro gobierno.

Juan el Bautista operó en el reino productivamente porque no se vestía como rey para declarar la palabra de Dios, sino que había poder en sus palabras. Si no hay acción y movimiento en tu vida hacia lo que Dios te llamó no podrás alcanzar a ver claramente la gloria de su reino.

Un reino tiene gobierno, sistemas, y territorio. Para conquistar el reino tenemos que luchar, vivir en su gobierno, aprender su sistema, y ganar nuevos territorios.

Los profetas hablaron de la diferencia del reino de los hombres versus el reino de Dios:

1. Jesucristo reinará sobre Jerusalén, y su soberanía no será interrogada. Él no permitirá partidismos, ni política barata, y se asegurará de que su pueblo sea gobernado bien. (Isaías 11:1-5 / Daniel 2:44)
2. Propiedades serán respetadas, no va a haber temor de ser robado. (Amos 9:14-15)
3. El Mundo conocerá de su verdad, no va a haber más falsa religión o división. (Isaías 11:9 y 2 Corintios 11:4, 14-15)
4. No va a haber más influencia de satanás. (Apocalipsis 20:1-2)
5. Habrá sanidad para todos los enfermos. (Isaías 35:5-6 y Jeremías 30:17)
6. Habrá tierra fértil en todo el mundo. (Amós 9:13 y Isaías 35:6-7)
7. Habrá paz global. (Isaías 2:4)

El gobierno de Dios es mucho mejor que el gobierno de este mundo. Pero ese es el punto. Tú y yo tenemos que operar bajo estos principios en nuestra vida. Su reino también tiene sistemas. En Génesis Dios creó el sistema de la naturaleza. También estableció la ley del diezmo, el dar, el sembrar y cosechar. Dios también tiene un sistema de justicia. Jesucristo en varias ocasiones le dijo a sus discípulos; "amen a sus enemigos, perdonen a sus ofensores, busquen la oveja perdida, denle de comer al pobre".

Su reino tiene territorio. Jesucristo le dijo a sus discípulos en Mateo 16:15, "Id por todo el mundo y predicad el evangelio a toda criatura."

La pregunta es: ¿Cómo vamos a conquistar el reino si nos quedamos paralizados bajo el temor de fracasar? Hay que estar claros que en el reino de Dios tendremos las fuerzas para trabajar, encontraremos soluciones a los problemas, oraremos por los enfermos y veremos la sanidad de Dios, estudiaremos, diezmaremos, daremos al necesitado y nos moveremos hacia la meta.

En el transcurso de moverte hacia la meta y la misión que Dios te ha llamado a cumplir cometerás errores. Yo comencé a predicar a los doce años. Tuve la oportunidad de ser pastor de jóvenes, co- pastor y pastor. Tuve a mi cargo varios proyectos. Algunos fueron más productivos que otros, sin embargo, cometí mis errores, decisiones incorrectas que enojaron a personas que estaban alrededor.

Por experiencia, encontrarás personas en el liderazgo que cometen errores y que desean ser perdonados, pero cuando eres tú quien cometes un error ellos no son muy dados a perdonar y hasta hay algunos que se van de tu lado. ¡Cuidado! Esto da a veces un sentido de inferioridad y te sientes condenado. Quiero que sepas que la primera persona que tú tienes que aprender a perdonar es a ti mismo. No eres perfecto y no vas a tomar las decisiones correctas todo el tiempo. La palabra de Dios en Romanos 8:1 dice que ninguna condenación hay para los que están en Cristo. Jesús se llevó toda condenación; tus errores, rebeliones y tus faltas han sido quitadas por la sangre de Cristo. Lo único que tienes que hacer es pedir perdón a Dios y ser sincero con otros de que eso fue un error y seguir hacia delante.

Jesús mismo mira la costumbre de criticar las faltas de los demás como algo impropio. En Mateo 7:1-2 dice: "No juzguéis, para que no seáis juzgados, Porque con el juicio con que juzgáis, seréis juzgados, y con la medida con que medís, os será medido."

Hay ministros que piensan que deben demostrar que son hombres de hierro a las personas a su alrededor pero yo pienso que debemos de enseñar que somos seres humanos que también cometemos errores. Si yo mido las faltas de cada persona como me miden a mí, creo que no tuviera a nadie a mi lado. Ahora imagínate si Dios nos midiera a nosotros como medimos a los demás todos seríamos condenados. Pero Dios nos mide a través de la sangre de Cristo.

Abraham Lincoln no se dio por vencido. Antes que el fuese electo el Presidente de los Estados Unidos, él fracasó en su negocio, perdió la carrera a legislador del estado, fracasó en otro negocio, tuvo un ataque nervioso, perdió elecciones al congreso, senado, y para Vice Presidente. Eso es suficiente para enterrar a cualquier persona pero él siguió.

Joe Torre es un ejemplo de no rendirse. Después de 14 años manejando a los Mets de Nueva York, a los Cardenales de ST. Louis y a los Bravos de Atlanta, tuvo un record perdedor. Hasta que llegó a los Yankees de Nueva York donde ganó 4 títulos del Campeonato mundial de Pelota.

Cuando cometemos errores debemos rendir nuestro orgullo y pedir perdón para romper las barreras que pueden limitarnos a alcanzar el potencial que Dios desea que obtengamos. Yo sé que es difícil admitir nuestros errores y pedir perdón, pues al hacerlo tenemos que tragarnos nuestro orgullo. Pero eso fue lo que hizo Steve Jobs. Por el éxito que tuvo el iPod y el iPhone Steve Jobs fue echado hacia un lado por el hombre que él reclutó para ser CEO de la compañía. Él pasó de correr una compañía de fortuna 500 a correr una compañía que estaba comenzando. Dos de esas compañías son Pixar y NeXT, que ahora son compañías de fortuna 500.

Si Abraham Lincoln, Joe Torre, y Steve Jobs pudieron levantarse de sus errores cuanto más nosotros que tenemos al Espíritu Santo. Jesús mismo le reveló a Pedro en Lucas 22:31-34 que le iba a fallar.

"Dijo también el Señor: Simón, Simón, he aquí Satanás os ha pedido para zarandearos como a trigo; pero yo he rogado por ti, que tu fe no falte y tú, una vez vuelto, confirma a tus hermanos… Pedro, te digo que el gallo no cantará hoy antes que tu niegues tres veces que me conoces."

Fíjate la actitud que tomó Jesús hacia Pedro cuando le negó. Él no lo condeno sino que le dijo, "yo estoy orando por ti, para que te levantes de tu error". Jesús no quería que su error detuviera el que Pedro cumpliera lo que iba ser su parte en el reino de Dios. Romanos 8:34, "¿Quién es el que condenará? Cristo es el que murió; más aun, el que también resucitó, el que además está a la diestra de Dios, el que también intercede por nosotros."

Jesús está ahora mismo en oración por cada uno de nosotros. El sabe que no es fácil y te entiende como entendió a Pedro. Su oración es que, a pesar de nuestros errores, podamos continuar. Si Dios nos perdona, entonces lo único que queda es que nos perdonemos a nosotros mismos, aprendamos de nuestros errores, y no los repitamos más. Hay personas que no te van a perdonar o entender y vivirán rechazándote, pero tú sigue trabajando en el ministerio que Dios te llamó.

No camines más con cargas, sentido de culpabilidad, mente llena de pensamientos de condenación. Trae mejor todo delante de Dios y te sentirás renovado. El sentido de culpabilidad te quita fuerzas.

Mira a Jonás, él fue profeta en el reino del norte de Israel durante el reinado de Jeroboam II. Su ministerio ocurrió poco después que el de Eliseo. El libro de Jonás cuenta la historia del llamado de Jonás de ir a predicar a Nínive y su desobediencia inicial de ir. En vez de ir a Nínive, se fue para Tarsis. En el transcurso de su viaje una tormenta azotó la nave y Jonás admitió su desobediencia a los marineros donde entonces fue por decisión mutua de que Jonás fuese echado de la nave. La Biblia dice en Jonás 1:17, "y estuvo Jonás en el vientre del pez por tres días y tres noche." Jonás cometió un error y Dios mandó un pez para salvar su vida. En esos tres días él reconoció su error y se arrepintió. En Jonás capítulo 2, él hace una oración pidiendo la restauración en su vida.

Jonás 2:7 "Cuando mi alma desfallecía en mí, me acordé de Jehová, y mi oración llegó hasta ti en tu santo templo."
El resultado de Jonás reconocer su error y levantarse fue que todo el pueblo de Nínive fue salvo.

Mira a Elías el profeta que Dios usó poderosamente. En 1 Reyes 19, él se encuentra atemorizado por las palabras de Jezabel que iba a matarlo. Elías se escondió en una cueva y deseó la misma muerte. Cayó en depresión en ese momento y pensó que todo había terminado para él. Dios envió un ángel y en 1 Reyes 19:7 dice: "Y volviendo el ángel de Jehová la segunda vez, lo tocó, diciendo: levántate y come, porque largo camino te resta…"

Fíjate que Dios no vino a reprenderlo, ni tampoco señaló sus errores, sino que lo tocó, le dio de comer, y restauró su visión. Le dio a entender que todavía tenía que seguir caminando hasta llegar al reino. De una forma sobrenatural le dio una visión del reino. Le enseñó que todavía tenía que trabajar.

Cuando Elías ungió a Eliseo para continuar el llamado profético, la Biblia dice que Eliseo le cocinó al pueblo y regalo todos sus bienes. Él no quería que nada lo aguantara de responder al llamado de Dios. Eliseo sirvió a Elías hasta el momento que fue raptado al reino de los cielos. Su persistencia fue apremiada, pues recibió el manto de poder que le fue dado de parte del profeta Elías.

Cuando cometas errores, levántate, no dejes que nadie menosprecie tu esfuerzo de tratar algo aun si no te funcionó. Levántate en el nombre de Jesús.

Isaías en un tiempo difícil de su vida cuando el rey Uzías murió (Isaías 6). Recibió una visión de quién era Dios. Lo vio sentado en su trono rodeado de serafines que daban voces diciendo: "Santo, Santo, Santo Jehová de los Ejércitos." Cuando ves la gloria de Dios todos los problemas y retos se te hacen pequeños en comparación a Su Gloria. Por eso es que Habacuc dijo: "Su gloria cubrió los cielos y la tierra se llenó de su alabanza". Isaías reconoció que era un hombre de labios inmundos, que necesitaba a Dios. Y se levantó a predicarle a un pueblo espiritualmente ciego, sordo, e insensible.

Aprende a vivir en la misericordia y gracia de Dios. Él no te condena, así que, vive la vida sirviéndole de todo corazón.

Pablo en Hechos 20:19

dice: "Sirviendo al Señor con toda humildad, y con muchas lágrimas y pruebas que me han venido por las asechanzas de los Judíos."

La gente religiosa puede criticarte y hasta hablar cosas que no sean verdad, pero tú sigue sirviendo.

Isaías 40:29 dice: "El da esfuerzo al cansado y multiplica las fuerzas al que no tiene ninguna, los muchachos se fatigan y se cansan, los jóvenes flaquean y caen; pero los que esperan a Jehová tendrán nuevas fuerzas; levantarán alas como las águilas; correrán y no se cansarán; caminarán y no se fatigarán."

Dios es fiel y misericordioso. Responde a los cambios que Dios quiere hacer en tu vida y sigue hacia adelante.

Por último, somos responsables por dos cosas. Primero, preparar nuestras vidas para la venida de Señor y segundo predicar el evangelio. Que el enfoque de tu vida sea primordialmente estas dos cosas y llegarás a conquistar el reino.

Aun Jesús mencionó el reino cuando le estaba enseñando a sus discípulos a orar en la oración que nosotros conocemos la oración del Padrenuestro (Mateo 6:10) dice "venga tu reino." El reino de Dios o Reinado viene de la palabra griega basiliea que se refiere al poder ejercido por el soberano en su territorio. El conquistar el reino es el tema central de Jesús. Cuando Jesús llegó a la tierra el cielo se vino con Él. Él conquistó hambre, enfermedad y todo ataque de satanás. Desde el momento que Jesús comenzó su ministerio empezó a proclamar el mensaje del reino: "Conviértanse, porque el Reino de los cielos está ahora cerca." Jesús identifica el reino como más importante que la comida, vestido, o cualquier necesidad humana. El conquistar el reino debe ser la prioridad de cada ser humano, es la declaración más poderosa porque nos lleva a vivir una vida con propósito.

Pon tu mente y corazón sobre el reino. Muchos de nosotros tenemos dificultad pensando sobre el reino porque hemos sido educados toda nuestra vida en poner nuestra mente en este mundo. Tenemos que entrenarnos a pensar constantemente que no somos de este mundo que hay un reino al cual pertenecemos.

En Hebreos 11:16 donde se escribe sobre los hombres de fe dice, "Pero anhelaban una mejor, esto es, celestial; por la cual Dios no se avergüenza de llamarse Dios de ellos; porque les ha preparado una ciudad." Ellos anhelaban conquistar el reino. Pablo durante toda su peregrinación aquí en la tierra decía que él proseguía hacia la meta, al premio del supremo llamamiento de Dios (Filipenses 3:1). La meta de la cual él hablaba no era terrenal sino celestial. Así que, ¿cómo conquistaremos el reino? El joven ministro conquista el reino conquistando el Corazón de Dios. En la oración del Padre nuestro (Mateo 9:9-14) vemos unos puntos importantes para alcanzar conquistar el reino:

"vosotros, pues, oraréis así: padre nuestro que estás en los cielos, santificado sea tu nombre. Venga tu reino. Hágase tu voluntad, como en el cielo, así también en la tierra. El pan nuestro de cada día, dánoslo hoy. Y perdónanos nuestras deudas, como también nosotros perdonamos a nuestros deudores. Y no nos metas en tentación, mas líbranos del mal; porque tuyo es el reino, y el poder, y la gloria, por todos los siglos. Amén. Porque si perdonáis a los hombres sus ofensas, os perdonará también a vosotros vuestro padre celestial;"

Asi que, para conquistar el reino debes:

1. *Confiar en Dios.* Al principio de la oración dice, "Padre" Los hebreos se dirigían a Dios como padre. Tú llamas a tu padre terrenal no por su

nombre sino te diriges a él diciendo papi. Esto denota la relación paternal que tú tienes. Cuando nosotros llegamos a tener esa relación de padre hijo donde contamos con El para todo también lograremos conquistar el reino.

2. *Adorar a Dios.* La siguiente parte de la oración va "que está en los cielos santificado sea tu nombre…" Esto es reconocer la grandeza y santidad de Dios que es merecedor de honra y reverencia de todo corazón.

3. *Has la voluntad de Dios.* La oración continua diciendo, "Venga tu reino y hágase tu voluntad. Es una aceptación de vivir bajo los principios que están en la Biblia y que la voluntad de Dios es mayor que la nuestra.

4. *Depender en Dios.* "El pan nuestro de cada día dánoslo hoy." Reconoce que tu sustento viene de Dios. No solo es tu pan sino de todos. Nosotros pertenecemos en comunidades, ciudades, Estado, nación, y mundo necesitado. Cada uno de nosotros dependemos diariamente de Él.

5. *Confesar tus pecados ante Dios.* "Y perdónanos nuestras deudas, como también nosotros perdonamos a nuestros deudores." Los pecados son deudas y acumulamos deudas todos los días. Debemos de llevarlos al altar y despojarnos de todo pecado.

6. *Pídele a Dios por protección.* "Y no nos metas en tentación, más líbranos del mal." Esta es una petición para que Dios te guarde del mal y de hacer tu propia voluntad.

Esta es una oración poderosa. Es una guía para nuestras oraciones diarias, para ayudarnos a mantener siempre el reino de Dios al frente de nosotros. Si tú te mantienes moviendo hacia el reino tú y otros lo conquistaran.

Puntos para recordar...

Conquistando y Extendiendo El Reino

1. En el transcurso de moverte hacia la meta y la misión que Dios te ha llamado a cumplir vas a cometer errores.
2. No eres perfecto y no vas a tomar decisiones correctas to do el tiempo.
3. Jesús se llevó toda condenación. Eres libre de moverte en su voluntad.
4. Dios te ve a través de la sangre de Cristo.
5. Jesús está ahora mismo en oración por cada uno de nosotros.
6. El sentido de culpabilidad te quita fuerzas.
7. El resultado de Jonás al reconocer su error y levantarse fue que todo el pueblo de Nínive fue salvo.
8. Dios es Fiel y Misericordioso.
9. Responde a los cambios que Dios quiere hacer en tu vida.

Oración

Gracias Señor, por darme la victoria en la cruz. Gracias por perdonar mis errores y faltas. Gracias por producir en mí tanto el querer como el hacer por tu buena voluntad en mi vida. En Cristo Jesús. Amén.

Capítulo 13

OBSTACULOS EN TU VIDA PERSONAL

"Los obstáculos son las cosas que una persona ve cuando quita sus ojos de la meta." E. Joseph Cossman

"Los obstáculos no tienen que pararte. Si corres a una pared, no vires para atrás y te rindas. Examina como puedes subir, traspasar, o trabaja alrededor de la pared." Michael Jordan

"Si encuentras un camino sin obstáculos, lo más probable no te llevará a ningún lugar." Frank A. Clark

"Quiero que sepáis, hermanos, que las cosas que me han sucedido, han redundado más bien para el progreso del evangelio" Filipenses 1:12.

Helen Keller nació sorda, ciega y muda. Ella se graduó de la Universidad de Radcliffe con honores, publicó su primer libro en el 1902, "La Historia de Mi Vida". Ella hacia campañas para mejorar la calidad de vida y condiciones de las personas sordas, ciegas y mudas, quienes eran rechazados y erróneamente educados en asilos. Su insistencia fue uno de los factores importantes para que sus condiciones cambiaran. En el 1957 una película salió, "La Trabajadora Milagrosa", un dramatizado donde Anne Sullivan muestra sus primeras formas de comunicación. Ella no dejo que su discapacidad fuera un obstáculo.

Bethany Hamilton comenzó a surf desde temprana edad. A la edad de solo 13 años un tiburón la atacó y ella estuvo cerca de perder su vida. El resultado del ataque del tiburón fue que Bethany perdió su brazo. Eso no la detuvo a ella. Al mes de ser atacada por el tiburón ella se montó en la tabla de surf. Dos años después se ganó el primer lugar en la competencia Nacional de NSSA. Su determinación sobrepasó su obstáculo físico.

Benjamín Franklin solo estudió hasta los diez años porque sus padres no podían costear los gastos de sus estudios. Pero eso no fue obstáculo para el ser uno de los inventores más famoso de la historia.

¿Y qué podemos decir de Franklin Roosevelt? Después de vacacionar en Canadá, le dio polio, enfermedad que lo dejó paralizado. Eso no lo detuvo para llegar a ser uno de los presidentes más famosos de los Estados Unidos. Tu dirás esto no es para mí es para otro. Si Helen Keller, Bethany Hamilton, Benjamin Franklin, y Franklin Roosevelt pudieron salir adelante y descubrieron como dar propósito a sus vidas a pesar de los obstáculos que tenían, tú también puedes hacerlo. Tú puedes darle propósito a tus sufrimientos, errores, y limitaciones.

La palabra obstáculo se define como un impedimento, embarazo o inconveniente. Todos vamos a encontrarnos con obstáculos en nuestra vida. ¿Cuáles son los obstáculos que tú estás enfrentando? Toma un momento y determina cuáles son los impedimentos que no te están dejando avanzar. Quizás son obstáculos financieros, laborales, asuntos familiares, problemas con otras personas, salud, limitaciones físicas, fracasos del pueblo, falta de fe, o desánimos. Un obstáculo puede llevarnos a sentirnos desalentados, y sin fuerzas.

Cuando Pablo le escribe la carta a los Filipenses (Filipenses 1:12) él se encuentra preso. Pablo declara que aun sus obstáculos se convirtieron en una oportunidad para ser un testimonio vivo del sustento que Dios da, y que sus prisiones sirvieron para el avance del evangelio. Un buen testimonio es que otros vean que no detienes tu misión a pesar de los problemas y dificultades, sino que estos los usas de escalón para el avance del evangelio.

Recientemente, han salido películas de héroe como el Hombre de Hierro y Batman. En las películas vemos como ellos afrente de toda adversidad siempre encuentran la forma de ganar. Héroes nos inspiran enseñando lo que personas pueden llegar hacer: vencen obstáculos, salvan vidas, y alcanzan metas increíbles.

Para mí un héroe no tiene una capa en su espalda, ni vuela, ni traspasa paredes. Un héroe es uno que ve un obstáculo y lo vence. Tú tienes potencial para ser un héroe. Cuando yo me encuentro con un obstáculo en mi vida me gusta leer las escrituras en el libro de Hebreos 11 donde menciona la fe de los primeros patriarcas.

Veamos algunos patriarcas que son mencionados en Hebreos 11:

1. *Abel le ofreció a Dios mayor sacrificio que su hermano Caín.* Él atendió las instrucciones de Dios referente al holocausto que Él recibía. Abel siguió cada palabra en obediencia. Si queremos el favor de Dios en nuestras vidas debemos escuchar atentamente la voz del Señor y obedecer. Abel guardó su integridad porque le dio el holocausto apropiado. El que Dios pidió. Cuando pases por obstáculos pregúntate: ¿estaré siguiendo las instrucciones tal como Dios me las dio? El joven ministro debe de seguir en obediencia lo que Dios requiere de Él.

2. *Enoc fue transpuesto.* El recibió su recompensa. No vio muerte y todo esto se hizo posible porque Enoc agradó a Dios. La Biblia nos enseña que los que agrademos a Dios también vamos a recibir nuestro galardón. Pero si dejas de agradar a Dios y tiras la toalla delante de los obstáculos ¿cómo vas a obtener tu recompensa? El deseo de rendirse ocurre cuando se está cerca de ganar una batalla pero por falta de

perseverancia perdemos el avance que Dios quiere darnos. Esto es un obstáculo que hace morir sueños, visiones y llamados.

3. *Abraham ofreció a su único hijo Isaac para ser sacrificado.* Antes Dios proveyó holocausto. Cuando estamos dispuestos a rendir el todo, Dios siempre provee lo que necesitamos de donde menos lo esperamos. En Hebreos 10 Dios nos promete la recompensa:

Hebreos 10:35-39 "No perdáis, pues, vuestra confianza, que tiene grande galardón; porque os es necesaria la paciencia, para que habiendo hecho la voluntad de Dios, obtengáis la promesa. Porque aun un poquito, Y el que ha de venir vendrá, y no tardará. Mas el justo vivirá por fe; Y si retrocediere, no agradará a mi alma. Pero nosotros no somos de los que retroceden para perdición, sino de los que tienen fe para preservación del alma."

El autor le está hablando a un grupo de personas que por los grandes obstáculos y persecución están deseando darse por vencido y retroceder en su fe. La escritura declara que si no se dejan vencer por los obstáculos van a recibir el grande galardón.

Puntos de Reflexion:

GRANDE GALARDON. Esta palabra lleva la idea de:
a. Un pago por la labor presente.
b. Un reembolso por los gastos del pasado. (Job)
c. Provee reparación por injusticias del pasado. (Moisés, recibió más autoridad)

Grandes recompensas les espera a los que no se rindan delante los obstáculos de la vida. No es inapropiado esperar ser recompensado. Dios es galardonador. Mira lo que dice la Biblia referente a la recompensa:

Timoteo 2:6, "El labrador, para participar de los frutos, debe trabajar primero."

Apocalipsis 22:12 "He aquí yo vengo pronto, y mi galardón conmigo, para recompensar a cada uno según sea su obra."

1 Corintios 9:7 "¿Quién fue jamás soldado a sus propias expensas? ¿Quién planta viña y no come de su fruto? ¿O quién apacienta el rebaño y no toma de la leche del rebaño?"

Estas escrituras declaran que tenemos el derecho a esperar una recompensa por la labor espiritual. Así que al tener obstáculos acuérdate que no se compara al galardón. Dios es justo. Hay una canción que salió en mi producción que se titula, "Confianza". Parte de las letras de la canción son: "Yo confió en Ti, aunque venga la prueba, si se levanta el mar la fuerte tempestad, allí siempre estará, Tú me tomaras de mi mano derecha y me guiaras hasta conquistar mi galardón…"

Estos hombres vencieron toda prueba y agradaron a Dios por su fe. La palabra Fe proviene del latín fides, que significa tanto fidelidad o como fe. Es el asentamiento a un hecho, confianza en el dicho o el hecho de una cosa.

Piensa en este comentario: "Cualquiera puede contar las semillas que hay en una manzana. Hay que ser una persona de fe para contar las manzanas que hay en una semilla."

La fe en Dios hace posible todo. Podemos llevar una vida cristiana triunfante y es un requisito para agradar a Dios. Es lo que nos permite creer que Él existe y que es galardonador de los que le buscan (Hebreos 11:6). La fe cree en lo imposible porque "para Dios todo es posible" (Mateo 19:26).

La fe es una fuerza poderosa en nuestra vida para el servicio espiritual al Señor. La fe implica obediencia basada en la fe y la confianza en la Palabra, el carácter y las promesas de Dios. Mediante la fe, el Espíritu Santo da el poder, la confianza y la ayuda que necesitamos cada día a fin de vivir para el Señor. Delante de obstáculos leo otras historias de personas que me puedan inspirar. Personas como William Still de Filadelfia, PA- hijo de un esclavo que se escapó, y se educó el mismo. El ayudó a miles de esclavos a llegar a Canadá y reunirse con sus familias.

Los Pilotos Tuskegee- jóvenes africanos que fueron prejuiciados y victimas del racismo, pero que vencieron a pesar de sus obstáculos llegando a ser un grupo de pilotos durante la Segunda Guerra Mundial.
Thomas Edison trato 2,000 diferentes veces antes de tener éxito con la primera bombilla que se prendiera. Un reportero le pregunto que cómo se sentía fracasar tantas veces, el respondió: "yo nunca fracasé, yo inventé la bombilla. Solo que ocurrió en el intento número 2000."

Babe Ruth se ponchó 1,330 veces, pero se considera el jugador de pelota más grande en la historia de la pelota. El hizo 714 home runs y dijo: "Cada strike me trae más cerca al próximo home run.

Todos tenemos obstáculos que debemos vencer. Para el joven ministro los obstáculos más grandes a veces no son externos sino internos. David en el Salmo 19:12 dijo: "¿Quién podrá entender sus propios errores? Líbrame de los que son ocultos."

De igual manera Pablo escribe en su carta a los Romanos (Romanos 7:1520), "Porque lo que hago, no lo entiendo; ni lo que quiero, hago; antes lo que aborrezco, aquello hago. Y si lo que no quiero, esto hago, apruebo que la ley es buena. De manera que ya no obro aquello, sino el pecado que mora en mí. Y yo sé que en mí (es a saber, en mi carne) no mora el bien: porque tengo el querer, más efectuar el bien no lo alcanzo. Porque no hago el bien que quiero; más el mal que no quiero, éste hago. Y si hago lo que no quiero, ya no obro yo, sino el mal que mora en mí."

Ambos entendían que su lucha más grande era con el "Yo". Este obstáculo se puede vencer por medio de la gracia de Dios. El obstáculo puede ser tu propia actitud delante los retos de la vida. Un desbalance en nuestra actitud o fallo de carácter hacia la obra que estamos trabajando también se convierten en obstáculos. Veamos algunos puntos:

1. *Profesionalismo:* A mí me gusta la excelencia. Soy bien detallista y sé lo que quiero y cómo me gustan las cosas. La excelencia y la perfección es algo que todos debemos de buscar. Pero no podemos ser extremistas. Toda Iglesia y ministerio tiene límites de recursos, gente y tiempo. Debemos de entender estas cosas y hacer lo mejor que podamos con lo que tenemos. No podemos tomar la actitud de que si no se hace exactamente como esperamos entonces no participo. Las cosas se mejoran poco a poco. A veces toman años para organizar sistemas y mejorar funcionamiento del ministerio. También hay que esperar por los recursos financieros. En estos momentos tenemos que practicar gracia y extenderla otros.

2. *Ocupación*: La prioridad de tener logros y éxito puede echar hacia un lado tu crecimiento espiritual en relación al ministerio por mantenerte activo. Estamos ocupados en el trabajo, escuela, deportes, y vida social. Todo es bueno en un balance. Si quieres avanzar en el ministerio tu mayor enfoque tiene que ser tu relación con Dios y tu ministerio. Sino no es así no vas a llegar muy lejos. Debes ser sabio en los compromisos que tú hagas. No te envuelvas en todo. Aun en áreas en el ministerio que no te correspondan a ti.

3. *Pluralismo:* Hay diversidades de culturas y creencias especialmente en las universidades. Pero ten cuidado porque el pluralismo es primo del relativismo, la creencia que nada es absoluto, y sincretismo, toda creencia te lleva a la misma verdad, esto puede crear confusión sobre la veracidad de La Palabra de Dios. He visto jóvenes adoptar estas filosofías dentro de sus creencias religiosas. Hay tantas filosofías en el mundo pero tú mantente en la Biblia.

4. *La Duda:* somos seres humanos que constantemente usamos nuestro sentidos. Así como uno de los discípulos de Jesús, Tomas, queremos tocarlo y verlo antes de creerlo. El evangelio se vive por fe. Hay promesas, sueños, visiones, y metas que toman tiempo para que se logren. Esto a veces crea duda. Pensamos que nunca va a llegar o cumplirse lo que estamos trabajando. Pero tú sigue trabajando porque lo vas a lograr. Si cada día haces algo hacia la meta va a llegar el tiempo donde termines. Esto no es una competencia. Hay personas que lo quieren echo ya. No dejes que eso produzca ansiedad en tu

vida. Tú simplemente has tu trabajo hasta que termines. Cree en Dios, sigue creyendo en Dios, y no dejes de creer en Dios.

5. *La Disciplina:* Tenemos un trabajo que hacer. Debemos poner la misma atención al ministerio que le damos a nuestros trabajos seculares. Si en nuestros trabajos seculares no perdemos tiempo jugando, tampoco debemos hacerlo en el ministerio. Tenemos que ser disciplinados con el tiempo. No usemos el tiempo que corresponde a la oración y al estudio de la palabra para nuestro entretenimiento. Debes de entender que vas a tener el tiempo para gozarte más adelante.

6. *El Enojo y el Resentimiento:* Muchos jóvenes de esta generación son orientados por los resultados, y al no ver sus expectativas logradas esto los lleva a llenarse de resentimiento. Nos enojamos por la falta de reconocimientos, premios, o paga. Nos enojamos cuando otros no hacen lo que le corresponde. El enojo y el resentimiento son obstáculos para realizar la misión que Dios nos ha encomendados. No te enojes por la falta de reconocimientos aquí en este mundo, recuerda que la recompensa la da Dios. Debes de aceptar que hay personas que te van a ofender o no van a reconocer tus esfuerzos, pero tú, joven ministro sigue trabajando para el Señor.

La Biblia nos dice que cada creyente tiene un ministerio que cumplir:

Hechos 20:24," Pero de ninguna cosa hago caso ni estimo preciosa mi vida para mí mismo, con tal que acabe mi carrera con gozo, y el ministerio que recibí del Señor Jesús, para dar testimonio del evangelio de la gracia de Dios."

Efesios 2:10,"Pues somos hechura suya, creados en Cristo Jesús para buenas obras, las cuales Dios preparó de antemano para que anduviéramos en ellas." ¡Tú tienes un trabajo que hacer! Hazlo con entusiasmo, con acción de gracias y gozo conociendo que estás haciendo una diferencia eterna en este mundo.

Juan 5 nos habla sobre el paralítico de Betesda. Este milagro ocurrió en unas de las fiestas Judías en el estanque llamado Betesda. El nombre Betesda significa en hebreo, "casa de misericordia". Allí se encontraba una multitud de enfermos, ciegos, cojos, y paralíticos. La historia relata que un ángel descendía para agitar las aguas, pero solo el primero que entraba en el estanque después del movimiento del agua quedaba sano de cualquier enfermedad que tuviese. El paralítico que es el enfoque de esta historia hacia 38 años que estaba enfermo. Cuando Jesús lo vio tendido le pregunto, ¿Quieres ser sano? El paralítico le contestó: "Señor, no tengo quien me meta en el estanque cuando se agita el agua." Este hombre pasó la mayoría de su juventud en esta condición. Te pregunto, ¿Cuántos años has perdido enfocándote en tu condición en vez de en Dios? El estanque es un símbolo del amor y la gracia de Dios para nuestra vida. Estaba cerca de donde las ovejas eran sacrificadas. Aún cuando Jesús le preguntó al hombre si quería ser sano, el hombre solo pudo enfocarse en sus limitaciones y que otros no lo ayudaban a llegar al estanque.

Así somos nosotros a veces tenemos al que nos puede ayudar a nuestro lado, pero nuestros ojos están fijos en la situación. Jesús solo quiere decirte, "Levántate, toma tu camilla, y anda." No uses tu cama como excusa y dejarte vencer por los obstáculos. Le damos mucho pensamiento a nuestras preocupaciones. La oficina del departamento de Estándares, dice que la neblina que cubre siete bloques, que es para los efectos 100 pies, se compone de menos de un vaso de agua. Así es la preocupación, lo que tenemos son vasos de agua y permitimos que dominen nuestras vidas. Científicos dicen que tenemos 60,000 pensamientos al día, 1 pensamiento por segundo, y el 95% de los pensamientos que tenemos de día a día son los mismos.

Doctor Walter Calvert, de la fundación Nacional de científicos llegó a estos resultados:

- 30% de nuestras preocupaciones son de eventos del pasado. Pero sabemos que nada puede cambiar el pasado.
- 40% de las cosas por las que nos preocupamos nunca pasan.
- 12% de nuestras preocupaciones son de preocupaciones de salud que no son fundadas en hechos o pruebas.
- 10% de nuestras preocupaciones son cosas menores.

- Solo el 8% de nuestras preocupaciones son reales y asuntos que demandan   atención.

Así que, vive en el presente, enfoca toda tus fuerzas, dones y talentos en la obra que Dios te mandó a realizar. No te preocupes más de lo que tengas. Mejor enfócate en Dios. Levántate, toma tu camilla y anda en el nombre de Jesús. Jehová le dijo a Josué tres veces esfuérzate y sé valiente. La tercera vez le dijo, mira que te mando que te esfuerces y seas valiente. Él te está mandando a que venzas todo obstáculo.

El vencer obstáculos requerirá que trabajes fuerte, que seas persistente en tu trabajo y obediente a la voz de Dios en tu trabajo.

Puntos importantes para recordar...

Obstaculos en tu vida personal

1. Enfócate en la belleza del viaje y no en lo largo del viaje.
2. Un héroe es uno que ve un obstáculo y lo vence.
3. Nos enfocamos más en los problemas que en Dios.
4. Enfoca todas tus fuerzas, dones, y talentos en la obra que   Dios te mandó   a realizar.
5. Obstáculos van a llegar, pero Dios está contigo.
6. La humildad es el camino a la santidad personal.
7. Mantente en una posición Espiritual de poder.
8. Sepárate y descansa.

Oración

Dios gracias por tu poder salvador sobre nuestras vidas. Tú nos has dado toda potestad en los cielos y la tierra. No tenemos espíritu de cobardía sino de poder, de amor y dominio propio. Podemos vencer todo obstáculo si mantenemos nuestros ojos puestos en ti. Amén.

Capítulo 14

NO DEJES PASAR EL TIEMPO

"Si quieres mejorar en tu vida personal tienes que adoptar nuevas estrategias." Pastor Rick Orsini

"No cuentes cada hora en el día, haz contar cada hora en un día" Anónimo

"Toma el tiempo de razonar; pero cuando llegue el tiempo de accionar, para de pensar y actúa." Napoleón Bonaparte

"Por cada minuto que tomes organizándote, es una hora ganada" Anónimo

"El tiempo es gratis, pero no tiene precio. No eres el dueño, pero puedes usarlo. No puedes obtenerlo, pero puedes gastarlo. Cuando lo pierdes, nunca puedes tenerlo para atrás" Harvey Mackay

"Enséñanos de tal modo a contar nuestros días, que traigamos al corazón sabiduría." Salmo 90:12.

Después que él murió, 150,000 personas marcharon al lado del ataúd y 40,000 personas, incluyendo la reina María, asistieron al funeral. William Booth nació en el 1829 en Sneiton un suburbio en Nottingham, Inglaterra. Fue conocido como el Profeta de los Pobres. Él nació pobre y trabajó para los pobres toda su vida. Booth estableció La Misión Cristiana que luego en el 1878 cambió su nombre al Ejército de Salvación. El trabajo era fuerte, pero antes de Booth ser promovido a la gloria en el 1912 el Ejército de Salvación se expandió a 58 países. En su diario William Booth escribió, "Dios tendrá todo de William Booth."

Te puedes imaginar que recibas la carga del llamado de Dios tan fuerte sobre tu vida que digas profundamente cada segundo, minuto, día, semana, mes, y año "mi vida le pertenece a Dios". ¿Cómo tú pasas el día? ¿Qué es lo que haces diariamente?

Mateo 6:21 dice: "Porque donde esté vuestro tesoro, allí estará también vuestro corazón."

Cuando leemos esta escritura podemos interpretarla como en invertir nuestras finanzas en cosas materiales y seguir afanados por querer tener más. Pero quiero que veas otro punto de vista. Yo digo que donde invertimos nuestro tiempo allí esta nuestro corazón. Donde dediques tu tiempo es una buena forma de auto reflexionar en qué es realmente importante para ti.

El mundo tiene mucha desigualdad. Pero hay algo que todos tenemos por igual y eso es cuando nos despertamos por la mañana todos tenemos la misma cantidad de tiempo. Tenemos 24 horas en un día. Trescientos años atrás, Francois Fenelon, un ministro en el siglo 17 dijo, "El tiempo es precioso, pero no sabemos cuan precioso realmente es. Solo sabemos cuando no podamos sacarle provecho. El sabio y generoso Dios nos enseña que debemos de ser prudentes con nuestro tiempo."

El día tiene 24 horas pero nunca da dos momentos a la misma vez. El nunca nos da un segundo momento sin quitarnos el primero. Nunca nos da el segundo momento sin aguantar el tercer momento en sus manos y nos deja sin la certeza que lo vamos a obtener. Hay ventanas de oportunidades y puertas que no debes dejar pasar porque el momento nunca regresará.

Parafraciando lo que C.S. Lewis dijo en relación a los cristianos que dejaron su marca en esta tierra, él presenta que los creyentes más efectivos tuvieron su enfoque en el reino de Dios.

El promedio de los jóvenes con la excepción del tiempo que están en la escuela, pasan cada momento usando electrónicos como celulares, computadoras, y televisión. Un estudio hecho por La Fundación de la Familia Kaiser, nota que los jóvenes de la edad de 8-18 años invierten casi 11 horas en esos medios. Eso es 77 horas a la semana, 308 horas al mes y 3,696 horas al año. Solo hay 8,765 horas al año y pasamos casi la mitad usando electrónicos y no restamos las horas que estamos durmiendo.

Tenemos que buscar la forma de pasar tiempo de calidad trabajando en lo que Dios nos mandó hacer.

La Biblia habla de un copero que se llamaba Nehemías. El vivió durante el tiempo que se les permitió a los judíos exiliados que regresarán a su país. Nehemías era el copero de Artajerjes I, el rey de Persia, él se enteró que el pueblo de Dios estaba en deshonra y el muro de Jerusalén todavía estaba en ruinas. El capítulo 1 de Nehemías nos enseña que lo primero que hizo él fue interceder.

"Cuando oí estas palabras me senté y lloré, e hice duelo por algunos días, y ayuné y oré delante del Dios de los cielos." (Nehemías 1:4)

Una persona que tiene una carga de parte de Dios para realizar algo, no pierde tiempo. Una carga no es pasajera. Muchas veces perdemos tiempo porque realmente no sentimos la carga para hacer el trabajo. Así que, punto número uno para que no pierdas tiempo:

1. *Ora para que Dios te ponga la carga de servir en la responsabilidad que te delegaron.* Si no sientes la carga, ¿cómo vas a persistir en lo que haces?
Viene el primer contra tiempo y te das por vencido o dejas algo a medias y comienzas otra cosa diferente.

   Nehemías oró para que Dios le diera buen éxito y gracia delante del rey. (Nehemías 1:11)

2. *Escribe la visión.* El objetivo de Nehemías era llegar a Jerusalén y reconstruir la cuidad. El sabía que necesitaba que el Rey de Persia le diera la autorización para hacerlo. Siéntate y en una oración escribe cuál es tu objetivo, cuales son los resultados que tu quieres ver al final de tu trabajo.

   Nehemías le pidió al rey que le diera madera del bosque. (Nehemías 2:8)

3. *Organízate.* Nehemías analizó lo que iba a necesitar para completar su objetivo. ¿Qué es lo que necesitas para realizar el objetivo? ¿Cuáles son los materiales, el aspecto financiero, y a quien vas envolver? No comiences hasta que estés organizado. Ponle nombre a tu misión así como hizo William Booth, El Ejército de Salvación. Escribe reglas, procedimientos y el orden.

4. *No te dejes distraer.* Nunca falla cuando me siento a orar, leer la Biblia, o escribir el mensaje, casi siempre ocurren interrupciones. En la construcción de la Iglesia, ni se diga, el número de Sanbalat y Tobías que se levantaron con palabras negativas tratando de llenar el corazón de confusión. No lo dejes, respira hondo y di Gracias Cristo por este día y sigue con tu plan de trabajo.

   Nehemías también se encontró con personas, Sanbalat horonita y Tobías, que no querían que él lograda su misión porque no querían ver a un pueblo fortalecido. (Nehemías 2:10)

5. *La motivación.* Es importante que te mantengas motivado. ¿Cómo podemos hacer eso? Yo he encontrado que al emprender una obra, lo que me motiva es poder enfocarme en los resultados no importa cuán pequeños o grandes sean. De modo que, mientras más te envuelvas en la misión, más motivado vas a estar.

Cuando Nehemías llegó a Jerusalén comenzó animar el pueblo.
"Les dije, pues: Vosotros veis el mal en que estamos, que Jerusalén está desierta, y sus puertas consumidas por el fuego; venid, y edifiquemos el muro de Jerusalén, y no estemos más en oprobio. Entonces les declaré cómo la mano de mi Dios había sido buena sobre mí, y asimismo las palabras que el rey me había dicho. Y dijeron: Levantaremos y edifiquemos. Así esforzaron sus manos para el bien." (Nehemías 2:17-18)

6. *Forma tu equipo.* Tú no puedes hacer el trabajo solo. Vas a necesitar repartir el trabajo. Hay personas que tienen talentos y dones que tú no tienes. Una persona que trata de hacerlo todo tiene una visión en una sola dimensión. Expande tu visión a incluir a otros. Dios ha puesto personas a tu alrededor que son buenos en la tecnología, intercediendo, oradores, adoradores, evangelistas, y ayudadores.

Nehemías comenzó a repartir el trabajo a las diferentes familias que se encontraban en Jerusalén. (Nehemías 3)

7. *Forma una estrategia.* Un plan de trabajo, un sistema que te facilite o ayude a poder terminar el objetivo. Nehemías y el pueblo lograron reconstruir la cuidad en 52 días a pesar de la oposición.

Quiero mencionar que cuando hubo rumores de que Sanbalat iba a infiltrarse como una zorra a Jerusalén, Nehemías estableció una estrategia.

"Desde aquel día la mitad de mis siervos trabajaban en la obra, y la otra mitad tenía lanzas, escudos, arcos, y corazas; y delante de ellos estaban todos los jefes de toda Judá." (Nehemías 4:16)

Si aprendemos de Nehemías y terminamos el trabajo que comenzamos nuestro ministerio tendrá credibilidad, identidad, y modelaremos a las personas a nuestro alrededor la importancia de dar frutos. ¿Cómo van a delegar responsabilidades cuando en el pasado no hemos terminado lo que comenzamos o lo hemos entregado peor de cuando aceptamos la responsabilidad?

Nehemías logró su objetivo y tú, si te mantienes envuelto y consciente del tiempo, también vas a terminar.

Cuando yo estaba en sexto grado, vivía en Fort Myers Florida. Asistía a la escuela Intermedia Alva. Nunca se me olvida que mi examen final era correr una milla a campo traveso. Si terminábamos la carrera antes que el coach él nos daba un 100% pero si nos pasaba nos daba un 50%. El coach era medio llenito y yo pensaba que no había manera que el podría ganar. El pito sonó y mi estrategia fue correr rápido al principio hasta que no pudiera correr más. El coach salió medio lento, pero mantuvo su paso. Llegó un momento cuando el estómago me comenzó a doler y no pude correr tan rápido. El coach me estaba alcanzando y escuchaba su voz detrás de mi "Rick no me dejes pasarte vamos sigue hasta el final". En seguida me llegó el pensamiento de que así es Dios. Está detrás de nosotros animándonos a través de su palabra y nos dice, "sigue hasta el final".

Tenemos que aprender hacer como el coach, correr al paso hasta terminar. Pablo sabía lo que era correr una carrera. Él le dijo a los Hebreos, "Por tanto, nosotros también, teniendo en derredor nuestro tan grande nube de testigos, despojémonos de todo peso y del pecado que nos asedia, y corramos con paciencia la carrera que tenemos por delante" (Hebreos 12:1)

Definitivamente no podemos aprovechar el tiempo corriendo con cargas en nuestras vidas. Hay problemas que no te corresponden a ti. También te vas encontrar con situaciones que tú no puedes resolver. Tu tienes que continuar viviendo tu vida en los propósitos de Dios. En el ministerio he tenido la experiencia con personas que toman las decisiones incorrectas y después quieren hecharte la carga y la culpa a ti y a otras personas. Cuando las personas están pasando por tormentas a veces no ven con claridad y dicen palabras que no quisieron decir. Te vas encontrar que a veces tratan de ponerte un sentido de culpabilidad por la situación. Así hizo Marta y María, intentaron echarle la culpa a Jesús cuando Lázaro murió. Ellas esperaban que Jesús llegara antes que Lázaro muriera pero Jesús se quedó dos días más donde estaba. Cuando llegó Jesús le recibieron con estas palabras, "Y Marta dijo a Jesús: Señor, si hubieses estado aquí, mi hermano no habría muerto (Juan 11:21)." Trataron de crearle a Jesús un sentido de culpabilidad.

La historia termina con Jesús resucitando a Lázaro de los muertos. Hay situaciones donde solo Dios se glorifica darnos una enseñanza. Así que aprendamos que la obra no es nuestra sino de Dios. Solo Dios puede resucitar cosas muertas. No podemos correr bien la carrera con problemas que solo Dios puede resolver.

Otro punto que podemos ver que presenta el apóstol Juan a través de la experiencia de la resurrecion de Lazaro es que Jesús aprovechó su tiempo cuidando de su agenda personal. Veamos lo que dice Juan 11:1-7:

"Estaba enfermo uno llamado Lázaro, de Betania, la aldea de María y de Marta, su hermana. María, cuyo hermano Lázaro estaba enfermo, fue la que ungió al Señor con perfume y le secó los pies con sus cabellos. Enviaron, pues, las hermanas a decir a Jesús: Señor, el que amas está enfermo. Jesús, al oírlo, dijo: Esta enfermedad no es para muerte, sino para la gloria de Dios, para que el Hijo de Dios sea glorificado por ella. Y amaba Jesús a Marta, a su hermana y a Lázaro. Cuando oyó, pues, que estaba enfermo, se quedó dos días más en el lugar donde estaba. Luego, después de esto, dijo a los discípulos: Vamos de nuevo a Judea."

El tiempo no se puede guardar en una cuenta bancaria para usarlo después. Ya cuando el tiempo pasa se fue y no lo puedes recuperar. Sólo puedes tomar la decisión de cómo la vas utilizar, si sabiamente o neciamente. El tiempo se aprovecha o se desperdicia. Como ministros responsables debemos aprender a manejar nuestra agenda con cuidado protegiendo nuestra lista de prioridades.

Siempre van a ver situaciones y problemas en el ministerio que querrán sacarnos de la agenda de prioridades que tenemos. Jesús no lo permitió. Aun cuando Marta y María esperaban que Jesús llegara rápidamente a donde estaba su amigo Lázaro, vemos que Jesús fue pero lo hizo en Su tiempo. Los discípulos que estaban con Él querían avanzar y llegar donde estaba Lazaro pero Jesús le dijo a ellos que un día tenia venticuatro horas y que no era bueno caminar en la oscuridad. A veces tenemos que esperar para obrar o movernos cuando tengamos la claridad y el tiempo para hacerlo. Con firmeza Jesús mantuvo su propia agenda. No permitió que otros lo movieran de su camino y su lista de prioridades.

Para que puedas aprovechar bien el tiempo debes proteger tu agenda. Pablo en su carta a los cristianos de Efesos les dice:

"Mirad, pues, con diligencia cómo andéis, no como necios sino como sabios, aprovechando bien el tiempo, porque los días son malos. Por tanto, no seáis insensatos, sino entendidos de cuál sea la voluntad del Señor."(Efesios 5:15)

A veces parece no alcanzar el tiempo. Tenemos 365 días en un año, 7 días en una semana, y 24 horas cada día para llevar a cabo actividades y compromisos. Comenzamos el día y no alcanzamos terminar el trabajo. Tenemos que reflexionar si estamos utilizando bien el tiempo, y si llegamos a la conclusión de que hicimos todo lo que pudimos hacer en ese día, entonces no te desesperes, pues mañana es otro día y tendrás más tiempo para terminar lo que comenzaste.

Aquí presento unos puntos que me han ayudado a mí a aprovechar el tiempo:

1. *Pon metas cortas.* Metas cortas te ayudarán a ver resultados y te mantendrán motivado. Metas cortas te llevan a lograr metas largas.

2. *Planifica tus días.* No salgas de tu casa sin saber que vas hacer. Escribe tu día en una agenda. Mientras más detallado sea mejor. Pon horas de salida y entrada.

3. *Implementa el plan de trabajo.* Planificaste tu día, ahora síguelo. No importa cuán tentado estés en desviarte a hacer otras cosas o entretenerte. Sigue en tu enfoque.

4. *Aprende a hacer efectivo en lo que haces.* A veces no es que estemos perdiendo el tiempo, sino es que no hemos desarrollado el mejor método para hacerlo. Busca mejorar en lo que estás haciendo. Por ejemplo, un atleta que quiere mejorar su tiempo corriendo tiene que aprender nuevas estrategias en su dieta o ejercicio para mejorar el tiempo. Si hace lo mismo no es que está haciendo algo malo, pero no va a mejorar el tiempo. Tiene que aprender algo diferente para ser más efectivo.

5. *No dediques mucho tiempo esperando.* Yo si estoy esperando en el servi-carro estoy haciendo llamadas, si estoy en la oficina del doctor estoy leyendo la Biblia o un libro temático, he tenido que aprender a ser multi-tareas. Hubo un tiempo en que estaba estudiando mi maestría, pastoreando, y trabajando. No puedes hacer todo eso si dejas que el tiempo pase. Cuando el tiempo pasa nunca regresa para atrás.

6. *Evalúate.* Durante el día mira la agenda y ve donde estás. Esto te ayudará a determinar lo que debes de hacer para ponerte al día.

7. *Establécele un tiempo límite a tus tareas.* Pon una fecha de terminar tu trabajo para no procrastinar.

Si usamos sabiamente el tiempo y mantenemos nuestra lista de prioridades entre estas siempre tiene que haber tiempo para Dios.

No entiendo como hay personas que dicen que no tienen el tiempo pare ir a la Iglesia o trabajar en la obra. Mejor deben decir que trabajar en la obra no es una prioridad para ellos. También puede ser que no saben cómo usar o coordinar bien el tiempo.

Nosotros tenemos el mismo tiempo que tienen evangelistas como Billy Graham, o lo tuvo Dwight L. Moody, y Billy Sunday o cantantes como

Michael W. Smith, los integrantes de los News Boys, Jesus Culture, Jesús Adrián Romero, Marcos Witt y Chris Tomlin. Dale el mismo valor a la obra de Dios que estos hombres le dan. Es obvio que ellos dedican una gran parte de su tiempo a lo que Dios los llamó a realizar en esta tierra.

Joven ministro cada hora que se pierde se ha ido para siempre. Hay una frase bien conocida "el tiempo es oro" Por lo tanto, no dejes pasar el tiempo.

Puntos importantes para recordar...

No Dejes Pasar El Tiempo

1. Cada segundo, minuto, día, semana, mes, y año de mi vida le pertenecen a Dios.
2. A lo que dediques tu tiempo es una buena forma en la que examinas lo que realmente le estás poniendo importancia.
3. El joven entre la edad de 8-18 años invierte 3,696 en todo tipo de medios.
4. Una persona que tiene una carga de parte de Dios para realizar algo no pierde tiempo.
5. Debemos orar para que Dios nos ponga una carga de trabajar para su obra.
6. Si aprendemos del profeta Nehemías y terminamos lo que comenzamos eso dará credibilidad, identidad a nuestro ministerio y modelará a otros el hacer lo mismo.
7. No se puede aprovechar el tiempo corriendo con cargas en la vida.
8. El Tiempo no se puede guardar en una cuenta bancaria para usarla después.
9. El tiempo o se aprovecha o se desperdicia.
10. Si usamos sabiamente el tiempo y mantenemos nuestra lista de prioridades siempre debemos tener tiempo para la obra de Dios.

Oración

Señor te pido que me des las fuerzas para terminar lo que comienzo. Que no desmaye, sino que siga trabajando aún cuando lleguen contratiempos. Que no sea distraído por las luchas sino que termine la carrera en el Nombre de Jesús. Amén.

Capitulo 15

LIBRES PARA AMAR

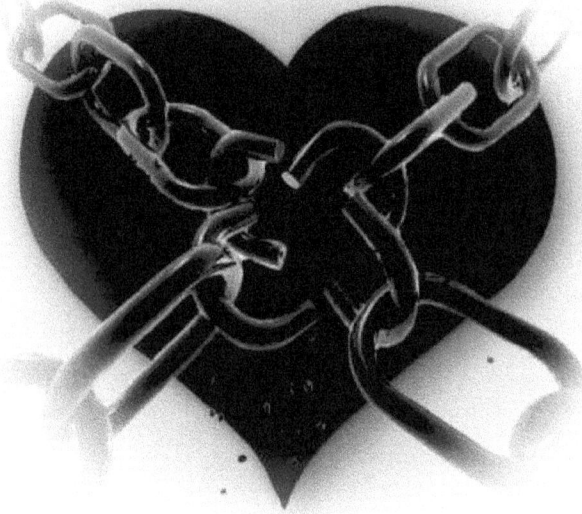

"Un amigo es alguien quien está ahí por ti, aun cuando él prefiere estar en otro lugar." Anónimo

"La mejor forma de destruir un enemigo es hacerlo un amigo." - Abraham Lincoln

"Hierro con hierro se aguza; y así el hombre aguza el rostro de su amigo." Proverbios 27:17

Uno de los factores importantes en el ministerio es poder ser libres para amar. En la cultura Judía desde niños se recita el credo de la formación al despertar y antes de dormir. Este credo se conoce como el Shema y se encuentra en Deuteronomio 6:5, "Amarás a Jehová, tu Dios, de todo tu corazón, de toda tu alma y con todas tus fuerzas." Así que lo primero que un niño aprende y declara por la mañana y noche es el amor que deben de sentir por Dios. Ahora en el ministerio de Jesús aquí en la tierra Él añadió al Shema en Lucas 10:27 "....Y A TU PROJIMO COMO A TI MISMO." Parte de nuestra formación espiritual es amar a nuestro prójimo y no solo a los que nos hacen el bien. Jesús también dijo en (Lucas 6:27 y 28) "Pero a vosotros los que oís, os digo: Amad a vuestros enemigos, haced bien a los que os aborrecen; bendecid a los que os maldicen, y orad por los que os calumnian."

Para amar a este nivel o sea un amor ágape realmente tienes que caminar en la libertad que ofrece el Espíritu Santo.

Puntos de Reflexión sobre el Amor:

a. **Fileo: amor entre amigos, es la afinidad de intereses o estilo de vida, comprensión, cuidado y preocupación por el otro.**

b. **Eros: amor romántico o sexual, es la primera fase del amor entre parejas, es un amor más egoísta que busca poseer al otro.**

c. **Ágape: amor incondicional y reflexivo, en el cual solo se tiene en cuenta el bien del ser amado y no el propio.**

En el tiempo que llevo en el ministerio he visto en las personas ataduras con relación al poder amar con sinceridad a su prójimo y aun sus enemigos. Es una lucha para todos. Pero en el ministerio es necesario que lo hagamos. Para poder amar con sinceridad necesitamos ser llenos del Espíritu Santo. He visto familias hablando el uno contra el otro, cristianos en las iglesias criticándose, y trabajadores tratando de ganar posiciones sobre sus compañeros cueste lo que cueste como si no le importara el daño que hacen. De igual forma en las iglesias: "no quiero trabajar con esta persona porque no me llevo bien con ella". Esto es difícil de escuchar pero es una realidad.

Fallamos en el amar diariamente. No es un buen hábito el criticar o hablar negativamente de otra persona. Esto no enseña el amor, compasión y entendimiento que nos muestra Dios todos los días. Tenemos que pedir en nuestras oraciones que nuestra mente sea transformada a pensar más como Jesucristo.

Dejamos que nuestro corazón se afecte por las ofensas. El conflicto es algo natural. Es parte del sistema democrático que hemos aprendido aquí en la tierra. Vas a tener desacuerdos. Hay diferentes características, personalidades y experiencias entre las personas con quien estás laborando. No todos piensan igual que tú. Si están equivocados llevarlos a la Palabra de Dios y no a tu opinión. Quiero que sepas desde ahora que las personas a tu alrededor te van ofender y tú también vas a fallar. Lo importante es dejar que el amor de Dios se manifieste en nuestras debilidades y que perdonemos a nuestros ofensores. Pero si dejas que la ofensa crezca en tu corazón ¿cómo vas a poder ministrar efectivamente? No es posible ministrar sin amor y perdón.

Hay una historia bien particular de dos enemigos políticos que se hicieron amigos en la historia de la Presidencia Americana. Es la historia de John Adams, el segundo presidente y Thomas Jefferson, el tercer presidente de los Estados Unidos. Thomas Jefferson escribió la Declaración de Independencia en comité con John Adams y Benjamin Franklin. Después que George Washington se retiró de Presidente, John Adams salió electo el nuevo Presidente y Thomas Jefferson el Vice Presidente de los Estados Unidos. Ellos estuvieron en desacuerdo en casi todos los puntos durante la administración de George Washington. El Presidente Adams y Vice Presidente Jefferson salieron electos juntos solo porque en esos tiempos el que salía segundo en los votos no importando de que partido fueran salía como el Vice Presidente. Los dos siguieron en desacuerdo en toda la administración de Adams hasta que Jefferson salió electo como presidente en los 1800. Fueron enemigos y partidos políticos comenzaron a organizarse alrededor de ellos. Cuando se retiraron, ambos se reconciliaron y llegaron a ser los mejores amigos. Ellos reflexionaron y entendieron que cada cual tenían razón en los puntos que presentaron. La falta de experiencia no lo dejos ver con claridad. El amor que ellos sentían el uno por el otro creció después de su experiencia en la Presidencia. Ambos vieron cuán difícil era. Tanto fue que los dos murieron en el mismo día Julio 4,1826 en diferentes estados.

A veces nos damos por vencido muy rápido en nuestras relaciones porque tuvimos un desacuerdo o recibimos una ofensa sin saber que esa persona puede llegar hacer una bendición para que tú puedas realizar la misión que Dios ha puesto en tu vida. Quizás no amamos más porque en nuestra percepción pensamos que los amigos tienen que estar de acuerdo con todo lo que digamos, y que no pueden fallar. Jesús llamo a sus discípulos amigos y ellos le fallaron constantemente.

Antes de establecer reglas debemos primero establecer relación. Reglas sin relación equivale a rebelión. Si comienzas a poner reglas sin primero conocer la persona, te van a rechazar. Busca entender antes de ser entendido. En Juan 10:27 encontramos que Jesús estaba en el pórtico del templo de Salomón en Jerusalén durante la fiesta de la dedicación y lo rodearon judíos y le preguntaron: "Dinos si eres el Cristo," Jesús le contestó, "Mis ovejas oyen mi voz, y yo las conozco, y me siguen." Debemos de tener una relación con nuestros semejantes a través de la cual podamos reconocer cuando se sienten mal o cuando están tristes.

¿Qué clasifica a una persona como tu enemigo? Es una persona que está celosa, envidiosa o es hostil contigo. Quizás han tratado de detener los planes de Dios para tu vida, dañar tus metas o desviar tu futuro. Cada persona ha tenido por lo menos una de estas experiencias. También enfrentamos un enemigo en Satanás. Jesús nos dice en (Mateo 13:39) que él es el enemigo que siembra la cizaña en nuestras vidas. Así que el que trae la semilla de enemistad es satanás. Cuando tenemos raíces en nuestro corazón en contra de otras personas nos convertimos en esclavos de nuestros pensamientos negativos, de esa persona y del resentimiento.

¿Qué es un esclavo? Cuando vivimos la vida sin poder amar nuestros semejantes y aun aquellos que causan mal a nuestras vidas nos convertimos esclavos. Estamos atados y no somos libres para amar. La palabra esclavo en el griego es, doulos, significa sujetos a la voluntad de otro. Es el grado más inferior de servidumbre. Entonces esclavitud en el griego es, douleia, significa estar atado.

En los 1600, africanos fueron transportados a las América como esclavos y eventualmente el intercambio de esclavos fue una parte de la economía de Norte América. El gobierno estableció el código de esclavos. El código trato a los esclavos como una propiedad, tierra, o un animal. La educación de un esclavo era prohibida. En el estado de Missouri un maestro que encontraran enseñado a un esclavo a leer o escribir podría ser multado con 500 dólares y darle hasta 6 meses en la prisión. Matrimonios entre esclavos no eran reconocidos como legales.

Si no amamos a todos entonces no somos libres para amar sino que estamos atados. Dios te quiere hacer libre para que puedas ministrar a todos con un corazón sano. Nosotros vivimos no bajo el código de esclavitud sino bajo el código de la libertad que Dios nos da. Si sientes que no tienes paz, el conflicto comenzó a consumir tus pensamientos y está afectando tu relación con los demás, entonces eres esclavo y necesitas ser libre.

Bajo la ley en el Antiguo Testamento la venganza era practicada – ojo por ojo, diente por diente. En vez de perdonar se vengaban contra sus enemigos. Pero al morir Jesús por nosotros en la cruz del calvario El tomó nuestros pecados y nos libertó de todo pecado y enemistad.

Aun David pidió venganza sobre sus enemigos. Él clamo a Dios "Se avergonzarán y se turbarán mucho todos mis enemigos; se volverán y serán avergonzados de repente." (Salmo 6:10). Él estaba pidiendo: "Persíguelos, Señor – no permitas que duerman, por lo que ellos me hicieron a mí."

El amigo que traicionó a David fue Ahitofel, su confidente. Ahitofel parecía ser sabio y dedicado a David pero de repente se levantó contra de él, y se hizo su enemigo. Ahitofel trató de poner personas en contra de David. El reclutó a Absalón, el hijo de David, en un plan para matarlo.

Esto creó una raíz de amargura tan profunda en la vida de David que hizo que el estuviera mirando por encima de su hombro. Él dijo: "Todos los días ellos pervierten mi causa; contra mí son todos sus pensamientos para mal. Se reúnen, se esconden, miran atentamente mis pasos como quienes acechan a mi alma." (Salmo 56:5-6). David gemía, "Ellos velan cada movimiento mío, esperando para engañarme." David estaba atado de inseguridades por las ofensas que él tuvo en el transcurso de su vida. Quizás tú has tenido tantas malas experiencias que se te hace difícil amar.

¿Cuántas veces nosotros los cristianos somos como David? En nuestro horrible dolor y depresión, clamamos que Dios nos haga justicia contra nuestros enemigos. Pero la verdad es que tú y yo no somos inocentes. Somos culpables también de muchas faltas. En el libro de Santiago 3:2-4, "Porque todos ofendemos muchas veces. Si alguno no ofende en palabra, éste es varón perfecto, capaz también de refrenar todo el cuerpo. He aquí nosotros ponemos freno en la boca de los caballos para que nos obedezcan, y dirigimos así todo su cuerpo. Mirad también las naves; aunque tan grandes, y llevadas de impetuosos vientos, son gobernadas con un muy pequeño timón por donde el que las gobierna quiere."

Santiago trae a nuestra atención que todos somos ofensores. Vamos a fallar. Pero el que pueda refrenar su lengua o sea no encender o empeorar la situación tiene dominio sobre su vida. Usa como ejemplo al que tiene control sobre un caballo y el capitán que maneja una nave con un pequeño timón. Si tú puedes controlar tus emociones en el momento de la ofensa entonces podrás dominar tu reacción y limitar daños en tu relación con esas personas.

Dios prueba nuestro amor por Él por el amor que mostramos a nuestros semejantes. "Si alguno dice: Yo amo a Dios y aborrece a su hermano, es mentiroso. Pues el que no ama a su hermano a quien ha visto, ¿cómo puede amar a Dios a quien no ha visto?" (1 Juan 4:20).

Usted puede cantar alabanzas a Dios en la iglesia, puede servir comida a los desamparados pero si no tienes amor vienes hacer como metal que resuena o címbalo que retiñe (1 Corintios 13:1) que.... entonces su amor por Dios es en vano. Amar a aquellos que nos han herido no es una opción, sino una orden.

Podemos rechazar las acciones inmorales, y pecados de los hombres. Pero el Señor nos manda a amar al pecador y Él nos manda a que oremos por ellos. Pablo escribe, "Dejad lugar a la ira de Dios" (Romanos 12:19). Él está diciendo, "Sufre lo malo que te hagan. Ríndelo y sigue adelante. Ten vida en el Espíritu." Pero sino perdonamos las heridas que nos han hecho, seremos esclavos. Esto es difícil. Vas a tener que luchar internamente con esto. Pero tú puedes vencer. ¿Entonces como mantengo mi corazón libre para poder amar y ministrarle a todos?

He aquí algunos puntos:

1. *Confiesa tu falta de amar como pecado.* Cuando tengo una mala actitud en mi corazón hacia una persona debo reconocerlo y confesarlo a Dios como pecado. La sangre de Jesús me limpia de todo pecado y pone en mí la actitud correcta para amar a mi prójimo. Cuando confieso mi falta de amor, Dios es fiel para libertarme

2. *Ora por aquella persona hasta que Dios obre en tu corazón para amarla.* Confía en Dios quien hará lo que tú no puedes hacer con tus propias fuerzas. Pide que Dios bendiga y ayude a esa persona. Cuando oro sinceramente por la bendición de otra persona Dios obra en mi corazón y comienza a cambiarme.

3. *Busca cambiar tu actitud hacia esa persona.* Esto tiene que ser intencional. No puede ser una coincidencia. Tal vez debes de planificar visitar a aquella persona y trabajar en tu relación con ella. Traza un plan de conducta cuando estés con esa persona. Toda relación para que mejore se tiene que trabajar. Tú tienes dentro de ti la vida de Cristo y también tu pecaminosa vida propia. Escoge cual vas expresar. Así que escoges expresar la vida de Cristo y su amor aunque tú no lo sientas.

C.S. Lewis dijo, "No tienes que tener el sentimiento de amor para actuar con amor". "No pierdas el tiempo pensando si amas a tu prójimo; actúa como si lo Amaras y serás libre".

En los últimos días de la Guerra Civil, Abraham Lincoln insistió ir a la capital de los Conferados, Richmond, Virginia, donde el ejército de la Unión conquistó la Guerra. Los esclavos al verlos se le acercaron. El

Presidente Lincoln los libertó con la Proclamación de la Emancipación. Un testigo, el General David Porter, lo vio y lo escuchó decir a los esclavos, "Mis pobres amigos, están libres, libres como el aire. Pueden despojarse del nombre de esclavos y caminar sobre él. Libertad es su derecho de nacimiento."

Lewis Smedes dijo, "El perdón es poner en libertad a un preso…y solo para descubrir que el preso eras tú. Joven ministro tú puedes ministrarles a todos en el amor de Cristo. Ya no eres esclavo. ¡Dios te hizo libre para amar!

Puntos importantes para recordar...

Libres Para Amar

1. Unos de los factores de motivación más importantes en el ministerio son las amistades.
2. No hay nada más importante para Dios que las relaciones.
3. Antes de establecer reglas debemos primero establecer relación.
4. Reglas sin relación crea rebelión.
5. Busca entender antes de ser entendido.
6. Va a ser tu amistad la que llevará a otros a encontrarse con Jesús.
7. Tu fe ayudará a tus amigos.

Oración

Dios te doy gracias por usar a mis amigos para levantar mis manos cuando más lo necesité. Usa mi fe para traer a otros hacia ti. En el Nombre de Jesús. Amén.

Capítulo 16

VISION CONVERTIDA EN REALIDAD

"Cuando tú tienes visión, esto afecta tu actitud. Tu actitud es optimista y no pesimista" Charles Swindol

"Donde no hay visión, no hay esperanza" George Washington

"Para realizar tu visión solo necesitas trabajar con pasión" Rick Orsini

"Jesús crecía en sabiduría y en estatura, y en gracia para con Dios y los hombres." Lucas 2:52

En una historia Griega un joven le preguntó a un filósofo que se llamaba Sócrates, "¿Cuál es el secreto para lograr el éxito?" Sócrates le dijo al joven que lo siguiera al río. Le dijo al joven que entrara en el río con él. Siguieron caminando hasta que el agua le llegó al cuello. Sócrates lo sorprendió metiendo la cabeza del joven dentro del agua. El joven trató y luchó para salir del agua, pero Sócrates era fuerte y lo mantuvo sumergido dentro del agua. Al pasar el tiempo cuando Sócrates vio que el joven no podía aguantar más lo saco del agua. Lo primero que el joven hizo desesperadamente fue respirar. Entonces Sócrates le pregunta al joven, "¿Qué fue lo más que querías cuando estabas debajo del agua?" el joven contestó, "Aire." Sócrates dijo, "ese es el secreto del éxito. Cuando quieras el éxito como quisiste el aire entonces lo obtendrás. No hay ningún otro secreto."

Esta historia trae a nuestra atención la importancia de tener pasión en todo lo que emprendamos. Para que la visión que tenemos se convierta en una realidad necesitas trabajarlo con pasión.

La palabra pasión se define como," Sentimiento muy intenso que domina la voluntad." Tú comienzas a vivir con el propósito de realizar esa misión en tu vida. Cuando duermes sueñas sobre la visión, cuando te despiertas hablas sobre la visión, y durante el día trabajas la visión.

La motivación de tener éxito comienza con la pasión. Un fuego pequeño no calienta mucho pero un fuego grande puede calentar un grupo de personas. Tener poco deseos de realizar algo no hace mucho. Napoleón Hill dijo, "Lo que la mente pueda concebir y creer, la mente puede realizar."

También debes escribir la visión. Cuando mi esposa me manda al supermercado para comprar unas cosas a veces se me olvida todo lo que ella me pidió. Por eso es que ella comenzó a escribir su pedido. Si no escribes tu visión y los pasos a seguir en el logro de los mismos, puedes perder el enfoque. En el Estado de la Florida a los maestros les dan un mapa de currículo para que ellos sepan qué deben cubrir durante el año. No solamente el contenido sino cuándo se debe de cubrir los temas. Escribiendo metas cortas y largas te van a dar un propósito diario. Te podrás sentir que estás progresando, y como resultado será de motivación para ti.

Un estudio que se hizo en la Universidad de Harvard indicó que después de 20 años el tres porciento de los estudiantes que escribieron sus metas realizaron más financieramente que los otros 97% que no lo hicieron.

En Marcos 12:30 dice: "Y amarás al Señor tu Dios con todo tu corazón, y con toda tu alma, y con toda tu mente y con todas tus fuerzas. Este es el principal mandamiento."

Es una orden que lo amemos completamente, no a media, sino de todo corazón, con un amor sincero, con una completa pasión. Enamorarse de Jesús causa pasión. El vivir con pasión en nuestro servicio a Dios es importante porque al hacerlo lo estamos reconociendo. Lo reconoces en tu trabajo, orando, alabándolo y en todo lo que haces.

El tener esa pasión de servir a Dios tiene mucho que ver con conocer tu propósito. Tu propósito es el trabajo para el cual Dios te ha creado. Si no lo conoces entonces esa pasión no puede existir. Pero, al conocerlo entonces puedes cumplir tu misión en la tierra porque sabes que tienes que hacer.

Un ejemplo de una persona con pasión que conocía su propósito fue Jehú. En (2 Reyes 9-10) nos habla de su pasión. Cuando Dios lo ungió como rey de Israel, Jehu no perdió tiempo, sino que sabía lo que tenía que hacer. El acabo con los cultos de Baal y el reinado de Jezabel. Muchos le tenían miedo a Jezabel. Pero la pasión de Jehú por servir a Dios causó un celo vivo por los estatutos de Dios que lo ayudó no rendirse. Acabo matando a Jezabel, sus hijos y a los sacerdotes de Baal, terminando con toda maldad y caos, cumpliendo con su propósito.

Además, para realizar la visión es importante que tú entiendas todas las etapas por las cuales vas a pasar en el transcurso de tu vida. Si tú no conoces en la etapa en que estás, tú no vas a reconocer las limitaciones cada etapa trae, y esto podrá traer frustraciones a tu vida. El Salmo 127-128 nos habla de algunas de las etapas de la vida:

1. *El casamiento.* Salmo 127:1, "Si el SEÑOR no edifica la casa, en vano trabajan los que la edifican; si el SEÑOR no guarda la ciudad, en

vano vela la guardia." Esta es una etapa bien delicada, pues estamos formando una visión para el hogar junto a nuestra pareja. Es un momento donde te tienes que organizar para que puedas cumplir con tu llamado. Ya no eres uno ahora son dos. Debes entender que no vas a tener el mismo tiempo. De igual manera tu cónyuge es parte de todos los planes que tú hagas hacia el ministerio.

2. *El tener hijos.* Salmo 127:3, "He aquí, don del SEÑOR son los hijos; y recompensa es el fruto del vientre". Vas a ver que tu mayor enfoque en esta etapa es la crianza. Tu tiempo es más limitado. Estás poniendo y quitando asientos de bebé del carro, duermes muy poco, y cuando estás despierto estás jugando con ellos. Te recomiendo que pongas todo en una agenda, la cual te ayudará a estar mejor organizado. Se pude realizar la visión en esta etapa, pero no te desesperes o impacientes porque no se logre todo rapidamente.

3. *El llegar a la edad media.* Salmo 128:2, "Cuando comas del trabajo de tus manos, dichoso serás y te irá bien." Este es el momento donde tus hijos crecen y forman su propio hogar. Es un momento de conocer a tu cónyuge de nuevo y moverte más rápido hacia realizar la visión. Son los momentos más productivos en la vida del ser humano. Tienes más tiempo, experiencia y libertad para dedicar al ministerio.

4. *El llegar a la tercera edad.* Salmo 128:5-6, "El SEÑOR te bendiga desde Sion, veas la prosperidad de Jerusalén todos los días de tu vida, y veas a los hijos de tus hijos. ¡Paz sea sobre Israel!" En la edad avanzada no tienes las mismas fuerzas. Aprende a delegar y discipular a otros que puedan ayudarte llegar a la meta. Joven ministro acuérdate de los que invirtieron sobre tu vida y te dieron oportunidades para que en el momento preciso tú los ayudes a ellos a llegar a realizar su visión. Tú vas a tener el tiempo y oportunidad para emprender la tuya. También ministro, cuando llegues a la edad avanzada no es el tiempo de comenzar nuevos proyectos sino de gozar de los frutos de tu trabajo.

Joven ministro tú también vas a pasar por estas etapas. La Biblia nos da ejemplo del crecimiento que tuvo Jesús (Lucas 2:52) dice, "Y Jesús crecía en sabiduría, en estatura y en gracia para con Dios y los hombres." Tú vas a madurar, a crecer en fuerzas, a desarrollar una relación de padre e hijo con Dios y a conectarte con otros que te ayudarán a realizar la visión. Al final, la visión del reino no es individual sino es global. Él quiere que las almas se conviertan y lleguen al reino. Así que eres parte de una visión más grande que la tuya. Por eso es que nos unimos a iglesias u organización para compartir de los dones y talentos que Dios pone en nuestras vidas.

Yo sentí el llamado de Dios a temprana edad. La primera oportunidad que tuve de predicar fue a los 12 años en la Iglesia Ebenezer que se encuentra en Orlando, Florida. Pero aun antes en la iglesia que pastoreaba mi padre yo daba clases Bíblicas a niños de mi edad. Pasé por tres transiciones en el ministerio. De niño ministro a ser joven ministro, a ser adulto ministro.

Yo encuentro que en cada paso que di hubo un fundamento que tuve que aprender. Fundamentos que sirvieron para formar mi vida y carácter. Sin esa formación no estuviera en el ministerio en el día de hoy. Hay muchos niños que comienzan en el ministerio pero después menguan. Hay otros que comienzan a una edad joven, pero cuando llegan a ser adultos menguan. O comienzan como adultos, pero no logran terminar lo que comienzan. Dios da visión y sueños, pero la pregunta es cómo convertir esos sueños en una realidad. Esto tiene que ver con la formación que recibimos desde temprana edad.

Para mí las transiciones que ocurren en personas que comienzan en el ministerio a temprana edad, es similar a una semilla cuando se convierte en una planta. La semilla en su comienzo está cubierta por una corteza o cáscara. La corteza o cáscara protege la semilla de heridas, parásitos, y la protege de secarse. Cuando se es niño es importante que los padres y líderes de esos niños hagan todo lo posible para proteger esos niños de cosas que le puedan hacer daño. De tantos parásitos, bacterias y virus que tratan de destruir la mente de nuestros niños. El Instituto Nacional de Media y Familia informan que el 90% de los niños juegan un promedio de 13 horas de juegos de video a la semana. La mayoría son videos violentos. Debemos de tener visión para nuestros niños que tienen un llamado de Dios y monitorear lo que ven y están jugado. No podemos dejar que la mente de ellos sea comida por parásitos.

También es importante que entendamos que el niño ministro es al fin y al cabo un niño. No todo es pecado. Debemos de darle la oportunidad que juegue y socialice. Dos cosas importantes para recordar durante la niñez del niño ministro:

1. *Proveer seguridad.* El niño necesita sentir que su mundo es un lugar seguro y que las personas a su alrededor son confiables. Hablar al niño de tu fe, leerle historias bíblicas, cantar y orar con el niño. Tenemos 936 sábados desde el momento que nacen nuestros hijos hasta que cumplan 18 años. Parece ser mucho tiempo pero realmente no lo es. El tiempo pasa rápido. Los hijos míos tienen 16 y 17 años. Así que ya no me quedan muchos sabados con ellos. De repente tengo un sentido de urgencia de organizar algo los sábados con ellos. Ya a la edad de 18 años tienen su formación y están cerca de irse de la casa. No necesitan la misma protección de los padres. Así que aprovecha el tiempo.

2. *Experiencias de Fe.* Usa las circunstancias de la vida para que el niño aprenda que la fe en Dios es lo que lo saca de las tormentas de la vida. Los niños van a responder a la acción de los padres. Si los padres demuestran ansiedad, el niño ministro va a usarlo como espejo para su vida. Envuelve al niño ministro en toda oportunidad de alabar a Dios por las victorias que Él de a la familia. Enseñar al niño a darle gracias a Dios por la provisión que Él da a diario.

Me pongo a pensar cuando yo era niño, mi padre y madre me compraban juguetes y me dejaban jugar afuera en actividades como; correr bicicleta, y también tuve la oportunidad de usar mi imaginación. Esto me ayudó a ver que podía predicar y también gozarme con mis amigos de una forma sana. Creo que si mis padres hubieran puesto muchas restricciones quizás hubiera identificado eso con la iglesia y el llamado. Ellos dejaron que mi crecimiento espiritual fuera progresivo y no a la fuerza.

Comparándolo con el ejemplo que te di antes, la semilla necesita oxígeno, agua, y una cantidad adecuada de sol para crecer. Cuando entramos a ser jóvenes ministros necesitamos tener un balance en nuestras vidas. Es un tiempo difícil porque están trabajando en desarrollar su identidad. El joven comienza a tener preguntas sobre las reglas de la casa y la escuela; se creen que nada malo les puede ocurrir; pasa más tiempo con sus compañeros; comienzan a interesarse más en ropa, en estilos de cabello, amigos, y música. Es importante que el joven ministro tenga un balance en su vida.

Toma la decisión de qué tipo de música vas escuchar. Escucha música que va a atraerte más cerca de Dios. No pienses que puedes escuchar música que tenga temas que no te conducen al crecimiento espiritual. Envuélvete en tu Iglesia. Si puedes en tu escuela envolverte en deportes y otras actividades hazlo sin que eso te robe tiempo de tu participación en tu iglesia y llamado. Tienes que tomar tiempo para refrescar tu alma en oración y adoración. La semilla cuando le echan agua aumenta su metabolismo. Si bebes agua espiritual vas a tener crecimiento espiritual.

Puntos de Reflexion:

a. **Joven ministro necesitas guianza. Puedes obtener guianza de tus padres o líderes espirituales. Toma en consideración toda opción que te presenten. A veces la que más hace sentido no es la que tú quieres, pero sabes que te conviene en tu vida espiritual. Pon todo en oración.**

b. **Joven ministro debes de tomar decisiones. Debes probar que puedes tomar decisiones correctas. Pídeles a tus padres que te ayuden a ser parte del proceso de tomar decisiones para tu vida. Asegúrate que vas escuchar los consejos que ellos te den antes de tomar cualquier decisión.**

Finalmente, la semilla echa raíces y comienza a dar fruto. Llegamos a ser adultos ministros. Donde podemos ver todo nuestro esfuerzo de niño, joven y por fin dar frutos.

Uno de los ejemplos de relaciones entre mentor adulto de experiencia y joven que está comenzando en su ministerio, fue la relación de Pablo con Timoteo. Pablo le escribe a Timoteo en la primera ocasión (1 Timoteo) en Macedonia y le escribió su última carta (2 Timoteo) mientras estaba preso en Roma poco antes de su muerte.

La Biblia narra en el libro de los Hechos y en la epístola a Timoteo un poco concerniente a la vida de Timoteo:

Hechos 16:1 dice: "Después llegó a Derbe y a Listra; y he aquí, había allí cierto discípulo llamado Timoteo, hijo de una mujer judía creyente, pero de padre griego."

2 Timoteo 1:5 dice: "trayendo a la memoria la fe no fingida que hay en ti, la cual habitó primero en tu abuela Loida, y en tu madre Eunice, y estoy seguro que en ti también."

Timoteo fue un joven que creció con la influencia de su madre y abuela quien eran dos mujeres de fe. Eran creyentes a voz alta, nunca se avergonzaron de su fe. Su fe no era fingida. La palabra fingir significa dar a entender lo que no es cierto o sea, aparentar algo que no es. Cuando enseñamos fe sincera a otros eso produce más fe sincera en nuestra familia y en aquellos que están a nuestro alrededor.

La madre y la abuela de Timoteo amaban la Palabra de Dios. En 2 Timoteo 3:14-15 dice: "Pero persiste tú en lo que has aprendido y te persuadiste, sabiendo de quien has aprendido; y que desde la niñez has sabido las Sagradas Escrituras, las cuales te pueden hacer sabio para la salvación por la fe que es en Cristo Jesús."

Desde niño Timoteo fue instruido en la Palabra de Dios. La madre y abuela de Timoteo reconocían la importancia de instruir a Timoteo. Timoteo tuvo otros ejemplos no muy buenos en su vida. Era el hijo de un padre griego que no creía en Cristo (Hechos 16:1). Pudo haber seguido las enseñanzas de su padre, pero él observó a su madre y abuela. Le fue más atractivo el evangelio. ¿Qué legado le dejaremos a nuestros hijos o aquellos que están a nuestro alrededor? ¿Seremos una influencia de fe, esperanza, y amor para que otras personas estén dispuestos a seguir al Cristo que tenemos en nuestras vidas? Amado lector, esto es solo para ponerte a pensar.

Otro detalle es escuchar a la generación que vino antes de la nuestra. Timoteo escuchó a su mamá, a su abuela y a su padre espiritual, Pablo. Quizás estás en una situación como Timoteo donde solo uno de tus padres tiene la misma fe. A Timoteo le hizo falta la figura de padre. Observa como Dios introdujo a Pablo en su vida. Le dio el ejemplo de padre que él necesitaba. Busca hombres de Dios que sean una figura de padre para tu vida. Hombres de Dios, busca hijos que no tengan figura de padre en sus vidas.

Pablo fue un mentor para Timoteo. Siguió construyendo sobre el fundamento que él ya tenía. Es posible que ya tengas un buen fundamento, ahora dale oportunidad a otros hombres de Dios que sigan construyendo sobre tu vida.

1. Timoteo 1:18 dice: "Este mandamiento, hijo Timoteo, te encargo, para que conforme a las profecías que se hicieron antes en cuanto a ti, milites por ellas la buena milicia, manteniendo la fe y buena conciencia, desechando la cual naufragaron en cuanto a la fe algunos..."
2. Timoteo 3:14-17 dice: "Pero persiste tú en lo que has aprendido y te persuadiste, sabiendo de quien has aprendido; y que desde la niñez has sabido las Sagradas Escrituras, las cuales te pueden hacer sabio para la salvación por la fe que es en Cristo Jesús. Toda la Escritura es inspirada por Dios, y útil para enseñar, para redargüir, para corregir, para instruir en justicia, a fin de que el hombre de Dios sea perfecto, enteramente preparado para toda buena obra."

Pablo quería que este joven ministro continuara creciendo en su llamado. Es por eso que pablo le dio varios consejos:

1. No te avergüences de dar testimonio. (2Timoteo 1:8)

2. Acuérdate de la Gracia de Dios que te llamó y te escogió. (2Timoteo 1:9)

3. Pelea la Buena batalla de la fe. (1Timoteo 1:5)

4. Entiende y estudia la doctrina cristiana. (1 Timoteo 1:18 y 19)

5. No te contamines con falsas doctrinas. (1 Timoteo 3:9)

6. Busca discernimiento a través del Espíritu Santo entre el bien y mal. (Tito 1:15)

7. Guarda el buen depósito del Espíritu. (2 Timoteo 1:14)

Todos tenemos sueños que queremos realizar en nuestra vida. Si tú quieres hacer una diferencia solo tienes que seguir trabajando. El que quiera ver la visión de Dios convertirse en una realidad tiene que trabajar con pasión. La pasión que tengas para servir a Dios va a moldear tu legado. Si no trabajas con pasión dejarás trabajos a medias. Pasión requiere sacrificio de tu parte. Pero es esa misma pasión la que va a darte la resistencia y la habilidad de permanecer fiel aun cuando recibas ataques y oposición de parte del enemigo y otras personas.

Dios quiere que tengas éxito. Si vives una vida alineada a su voluntad, el favor de Dios está contigo. No podemos ser vagos en nuestro servicio a Él. Tenemos que trabajar fuerte. Trabajar no importando cual sea nuestra circunstancias. Si yo tengo éxito en algo en mi vida hoy es porque trabajé con pasión e hice sacrificios. Si tú tienes una cosecha es porque sembraste o alguien sembró antes.

1 Corintios 3:6-11 dice: "Yo planté, Apolos regó, pero el crecimiento lo ha dado Dios. Así que ni el que planta es algo, ni el que riega, sino Dios, que da el crecimiento. Y el que planta y el que riega son una misma cosa; aunque cada uno recibirá su recompensa conforme a su labor. Porque nosotros somos colaboradores de Dios, y vosotros sois labranza de Dios, edificio de Dios."

Esteban fue un joven lleno del Espíritu Santo (Hechos 6:8). Él fue escogido por los apóstoles para ayudarlos a cubrir las necesidades del ministerio. ¡Tú sabes que privilegio es el que otros, como tus pastores o amigos en el ministerio, vean en ti el potencial y el compromiso para ayudarlos a ellos en el ministerio! Que después de tu predicar, enseñar, y testificar acerca de tu fe, ellos puedan sentir la presencia de Dios. Cuando Esteban habló el Espíritu Santo trajo convicción a las personas que escucharon. La Biblia dice que no podían resistir la presencia de Dios (Hechos 6:10). Aún en la muerte Esteban no negó su fe.

Livingstone fue un misionero en África en el 1840. Él se encontraba en un territorio que le pertenecía a una tribu indígena. La única forma de poder predicarles era hacer alianza con ellos para tener acceso a esa región.

Livingstone estaba orando que Dios le abriera la puerta para predicarle a esta tribu, pero sin una alianza con ellos porque él podría perder su vida. En esa alianza era costumbre tener un intercambio de pertenencias. Livingstone luchó arduamente para no llevar su cabra personal porque éste le proveía leche todos los días. Así que, llevo ropa, reloj, y libros para darle opciones. Sin embargo, el cacique escogió el cabro y le dio a Livingstone una vara. Livingstone se quejó con Dios y le dijo: "un cabrito por una vara". Él nosabía lo que él tenía en sus manos. En una ocasión en que se vio en peligro, cuando los indígenas vieron la vara en sus manos lo dejaron quieto. El descubrió que esa vara era el cetro del cacique de la tribu. Con esa vara él podría entrar a cualquier parte de la región en paz para predicar la Palabra de Dios. Él tenía en sus manos lo que necesitaba para ver la visión de Dios convertirse en una realidad. ¿Qué te quiere Dios decir con esta historia? Que aun cuando Él te pida cosas que para ti son cosas atesorables, no obstante Él te dará lo que necesitas para realizar la visión. Nunca dejes de creerle a Dios. Si Él habló, Él lo hará. Continúa tu camino en Él confiadamente, porque el que comenzó en ti la buena obra la perfeccionará hasta el día de Jesucristo.

Puntos importantes para recordar...

Vision convertida en Realided

---

1. Las transiciones de aquellos que comienzan en el ministerio a temprana edad es similar a una semilla que se convierte en una planta.
2. Es importante que los padres y líderes de los niños los protejan de cosas que puedan hacerles daño.
3. Deja que el crecimiento espiritual de los niños sea progresivo   y no forzado.
4. Cuando somos jóvenes debemos de tener un balance en nuestras vidas.
5. Cuando enseñamos fe sincera a otros, esto producirá fe sincera en ellos.
6. Tenemos que ser influencia de fe, esperanza, y amor para otros.
7. Busca hombres de Dios que sean figura de padre espiritual en tu vida.
8. Si obtenemos cosechas es porque sembramos y sacrificamos nuestravida y otros lo hicieron antes.
9. Es un privilegio que otros vean el potencial y el compromiso en tu vida para ayudarlos en el ministerio.

Oración

Padre Celestial, pon en el corazón de hombres de Dios el adoptar hijos para discipularlos. Que seamos sembradores. Que veamos todo lo que Tú has destinado para nuestras vidas realizarse. Que no se haga nuestra voluntad sino la tuya. Te pido esto en el Nombre de Jesucristo. Amén.

PALABRAS FINALES

Joven ministro, este libro ha sido escrito pensando en ti. En tus luchas, inquietudes, e interrogantes y en todas aquellas situaciones a las que te vas a enfrentar en la vida. El enfoque primordial es que entiendas que Dios te está llamando a ti específicamente. Que eres parte de Su Propósito eterno. Que Aquel que te ha llamado es suficiente poderoso para sostenerte en todo tiempo. Que aunque pases por diversos cambios de vida, Dios nunca te fallará. Fuiste creado para Gloria de Su Nombre. La Gracia y la Verdad de Dios están de tu lado. Jesús es tu mejor amigo. Lo que Dios decretó acerca de ti desde antes de la fundación del mundo nada ni nadie lo podrá detener, ni cancelar. Aprovecha bien el tiempo. Pídele a Dios y Él te dará las naciones.

Te felicito porque si estás leyendo esta página significa que el resto del contenido del libro te ministró y Dios está tratando con tu corazón. Aprovecha y alinea todos tus músculos hacia delante y no pares de correr esta carrera de fe. Procura correr de forma que obtengas tu galardón que es sobremanera grande. Mi oración a Dios es que tu vida después de esta lectura no sea la misma, sino que hayas podido entender tu llamado y abrazarlo con pasión.
¡Dios te bendiga abundantemente!

Sobre el Autor

El Rev. Ricardo Orsini es ministro ordenado de las Asambleas de Dios. Comenzó a predicar a los 12 años de edad. Como hijo de pastor fue activo en su iglesia, nunca apartándose de los caminos del Señor. Cuando joven llegó a trabajar como Pastor de jóvenes en Renacimiento Cristiano en Orlando, Florida. Fue Presidente de los jóvenes de la Sección 5 que cubría el Norte y Centro de la Florida. Se graduó con un Bachillerato de la Universidad del Centro de la Florida en Artes Liberales con concentración en Historia. Tiene una Maestría en Liderazgo de la Universidad Nacional Louis. También es graduado del Seminario Teológico de las Asambleas de Dios. Canta y es autor del Proyecto Luz que tiene alabanzas como las Marcas de la Cruz. Actualmente ejerce su función como Pastor de la Iglesia Cristiana Sendero de Luz en Ocoee, Florida. Y más importante aún es esposo de Sonia M. Orsini y padre de Gabriela S. Orsini y Ricardo E. Orsini, sus amados hijos.